TEORÍA DE LA AUTORREALIZACIÓN

UNA GUÍA DE LA PSICOLOGÍA MASLOWIANA

TABLA DE CONTENIDO

INTRODUCCIÓN A LA TEORÍA DE LA AUTORREALIZACIÓN--------------5

Psicología humanista • Definición e importancia de la autorrealización • Influencia en la psicología moderna y más allá • Figuras clave en el desarrollo de la teoría de la autorrealización • Fundamentos y premisas filosóficas • Distinción con otras teorías psicológicas • Conceptos erróneos y aclaraciones comunes • El papel de la autorrealización en la motivación humana • Metodologías de investigación utilizadas en el estudio de la autorrealización.

CONTEXTO Y DESARROLLO DE LA TEORÍA DE MASLOW--------------17

Vida temprana e influencias académicas de Abraham Maslow • Investigación y observaciones iniciales de Maslow • La formulación de la visión trágica • Influencia del movimiento de psicología humanista • Intersección con la filosofía existencial • Psicología del siglo XX • Publicaciones clave e hitos • Recepción crítica y revisiones posteriores • Comparación con las teorías contemporáneas.

POSTULADOS FUNDAMENTALES Y CONCEPTOS CLAVE--------------28

Necesidades humanas básicas • Marco conceptual de la autorrealización • Salud psicológica • La distinción entre necesidades de deficiencia y necesidades de crecimiento • El papel de las experiencias cumbre en el desarrollo humano • Interconectividad del crecimiento personal y el entorno • Autotrascendencia • El concepto de motivación de Maslow.

JERARQUÍA DE NECESIDADES - FUNDAMENTOS Y EVOLUCIÓN---100

Modelo jerárquico original • Necesidades fisiológicas • Seguridad y protección • Pertenencia social • Necesidades de estima.

AUTORREALIZACIÓN - CARACTERÍSTICAS Y CRITERIOS------------150

Rasgos psicológicos de los individuos autorrealizados • La influencia de la creatividad y la innovación • Las relaciones interpersonales y las habilidades de comunicación como fundamentos • Valores, moralidad y desarrollo ético en la búsqueda de la autorrealización • Autonomía y mecanismos de autorregulación.

IMPACTO EN LA PRÁCTICA PSICOLÓGICA---------------------------------196

Influencia en la terapia cognitivo conductual • Aplicación en modelos terapéuticos humanistas • Integración con técnicas psicoanalíticas •

Autorrealización en intervenciones basadas en mindfulness • Rol en programas de psicología positiva • Impacto en enfoques holísticos de salud • Desafíos y consideraciones éticas • Implicancias en la formación y el desarrollo profesional.

50 CITAS DE MASLOW DE LA TEORÍA DE LA AUTORREALIZACIÓN-207

Sobre la autorrealización • Sobre el crecimiento y el potencial • Sobre las necesidades y la realización • Sobre las experiencias cumbre • Sobre la psicología y la naturaleza humana.

INTRODUCCIÓN A LA TEORÍA DE LA AUTORREALIZACIÓN

Psicología humanística

La psicología humanista es una escuela de pensamiento convincente e influyente que surgió a mediados del siglo XX. Se apartó fundamentalmente de los paradigmas conductistas y psicoanalíticos predominantes al enfatizar una visión optimista de la naturaleza humana, centrándose en el potencial inherente de crecimiento y autorrealización de los individuos. En esencia, la psicología humanista busca explorar y comprender las cualidades únicas que distinguen a los humanos de otras especies, en particular su capacidad de introspección, creatividad y autoconciencia. Esta orientación filosófica pone un fuerte énfasis en las experiencias subjetivas y las motivaciones intrínsecas de los individuos, valorando sus elecciones y aspiraciones conscientes. Los elementos fundamentales de la psicología humanista incluyen la creencia en la naturaleza holística de la existencia humana, reconociendo la interconexión entre mente, cuerpo y espíritu en la configuración de las experiencias y el desarrollo de un individuo. Además, la psicología humanista otorga gran importancia al concepto de libre albedrío, proponiendo que los humanos poseen la capacidad de tomar decisiones significativas y asumir la responsabilidad de sus acciones. En esta perspectiva es central la noción de agencia personal, que subraya el papel de las personas como agentes activos en sus propias vidas, capaces de forjar su destino y alcanzar su potencial. La psicología humanista también defiende la importancia de las relaciones humanas y la comunidad, reconociendo el papel vital de las conexiones sociales y la pertenencia para fomentar el crecimiento y la realización personal. Este enfoque destaca la necesidad de empatía y comprensión en las interacciones interpersonales, facilitando entornos propicios para el autodescubrimiento y la autenticidad.

Definición e importancia de la autorrealización

La autorrealización, concepto introducido por el psicólogo humanista Abraham Maslow, representa la cúspide del desarrollo humano. Denota el impulso innato de las personas por alcanzar su máximo potencial y la realización personal. Este concepto multifacético abarca una profunda comprensión del Yo auténtico, la búsqueda de metas significativas alineadas con los valores personales y el desarrollo de los talentos y capacidades únicos.

La importancia de la autorrealización reside en sus profundas implicaciones para el bienestar individual y el crecimiento holístico. Al esforzarse por alcanzarla, las personas cultivan un sentido de propósito, autonomía e integración psicológica, lo que conduce a una existencia más plena. Además, el logro de la autorrealización fomenta una mayor conciencia de las propias capacidades internas, lo que permite a las personas afrontar los desafíos de la vida con resiliencia y creatividad.

Desde una perspectiva psicológica, la autorrealización actúa como catalizador de una transformación personal positiva, permitiendo a las personas trascender las creencias autolimitantes y los condicionamientos sociales. Empodera a las personas a llevar una vida auténtica, impulsada por la motivación intrínseca, en lugar de las presiones o expectativas externas. A medida que las personas desarrollan su potencial, contribuyen positivamente a sus comunidades y a la sociedad en general, fomentando el progreso y el bienestar colectivos.

En contextos contemporáneos, el concepto de autorrealización ha cobrado mayor relevancia en campos como la psicología positiva, el desarrollo organizacional y los estudios de liderazgo. Su relevancia trasciende el discurso psicológico tradicional y permea diversos ámbitos de la experiencia y el logro humano. Adoptar los principios de la autorrealización puede inspirar reformas educativas, prácticas de liderazgo innovadoras y enfoques holísticos para el desarrollo personal.

En definitiva, el camino hacia la autorrealización representa un proceso continuo de introspección, crecimiento y trascendencia. Nos invita a explorar nuestras aspiraciones más profundas, afrontar dilemas existenciales y cultivar una profunda conexión con nuestra esencia más profunda.

Influencia en la psicología moderna y más allá

El concepto de autorrealización ha tenido un profundo impacto en la psicología moderna y en otros ámbitos, moldeando la forma en que las personas se perciben a sí mismas y buscan su crecimiento personal. Una de las principales influencias de la teoría de la autorrealización ha sido su énfasis en los aspectos positivos de la naturaleza humana. En lugar de centrarse únicamente en la patología y la disfunción, esta teoría destaca el potencial de las personas para alcanzar su máximo potencial y llevar una vida plena. Este cambio de enfoque ha propiciado el desarrollo de la psicología positiva, un campo dedicado al estudio y la promoción de las fortalezas y virtudes humanas. Por lo tanto, la teoría de la autorrealización ha desempeñado un papel fundamental en el fomento de un enfoque más holístico para comprender el comportamiento humano y el bienestar mental.

La influencia de la autorrealización trasciende el ámbito psicológico. Sus temas centrales han permeado campos como la educación, los negocios y el desarrollo personal. En educación, los principios de la autorrealización han inspirado enfoques centrados en el estudiante que priorizan el crecimiento y la autonomía individual. De igual manera, en el ámbito empresarial, el énfasis en fomentar la realización y la autoexpresión de los empleados refleja los principios fundamentales de la teoría de la autorrealización. Este amplio impacto subraya la relevancia y aplicabilidad de los principios de la autorrealización en diversos ámbitos.

La teoría de la autorrealización ha proporcionado un marco teórico para comprender el funcionamiento humano óptimo, contribuyendo así a una comprensión más profunda de la motivación y el logro. Al profundizar en los factores que impulsan a las personas a la autorrealización y al desarrollo de su potencial, psicólogos e investigadores han obtenido conocimientos que han fundamentado el diseño de intervenciones y programas destinados a facilitar el crecimiento personal. Esto no solo ha mejorado las prácticas terapéuticas, sino que también ha influido en las estrategias organizacionales centradas en maximizar el potencial humano en diversos contextos.

Más allá de la psicología y el ámbito profesional, la influencia de la teoría de la autorrealización ha calado hondo en quienes buscan el desarrollo y la plenitud personal. Los ideales de autoexploración, autenticidad y búsqueda de significado que encapsula esta teoría han resonado en quienes emprenden viajes de autodescubrimiento y realización personal. El atractivo perdurable de estos conceptos se evidencia en la amplia difusión de la literatura de autoayuda y la popularidad de seminarios y talleres centrados en el crecimiento y el empoderamiento personal. Por lo tanto, la influencia de la teoría de la autorrealización se extiende a la cultura popular y al discurso cotidiano, lo que subraya su profundo impacto en la sociedad en general.

Figuras clave en el desarrollo de la teoría de la autorrealización

El desarrollo de la Teoría de la Autorrealización se vio significativamente influenciado por varias figuras clave que desempeñaron un papel fundamental en la configuración y el avance de este marco psicológico. Entre estas figuras destacadas, Abraham Maslow es sin duda la figura central, cuyo trabajo pionero sentó las bases del concepto de autorrealización. Maslow, psicólogo estadounidense y uno de los principales defensores de la psicología humanista, introdujo esta teoría como un cambio profundo respecto a las perspectivas conductistas y psicoanalíticas tradicionales, enfatizando el potencial innato de crecimiento y realización personal en las personas.

Otra figura influyente en el desarrollo de la Teoría de la Autorrealización es Kurt Goldstein, neurólogo y psiquiatra alemán, cuyo enfoque holístico para comprender el comportamiento humano contribuyó en gran medida a la conceptualización de la autorrealización por parte de Maslow. El énfasis de Goldstein en la naturaleza orgánica de los seres humanos y su capacidad de autorregulación sirvió como base fundamental para la formulación de la jerarquía de necesidades por parte de Maslow y la noción de la autorrealización como la cúspide del desarrollo psicológico humano.

Las contribuciones de Carl Rogers, figura pionera en la terapia centrada en el cliente, son cruciales en la evolución de la Teoría de la Autorrealización. El énfasis de Rogers en la empatía, la consideración positiva incondicional y la congruencia en la práctica terapéutica se alineaba estrechamente con los principios humanistas que sustentan la autorrealización, influyendo en la comprensión de Maslow sobre la tendencia a la actualización y las condiciones necesarias para fomentar el crecimiento y la realización personal.

La prolífica obra de Viktor Frankl, neurólogo y psiquiatra austriaco, también reviste gran relevancia en el contexto de la autorrealización. Su filosofía existencial, en particular su exploración del significado y el propósito de la vida, se correspondía con el énfasis de Maslow en la autotrascendencia como aspecto central de la autorrealización. El impacto perdurable de Frankl en la psicología existencial y sus contribuciones a la comprensión de la búsqueda humana de sentido han enriquecido el panorama teórico de la autorrealización, profundizando sus dimensiones existenciales.

Además de estas figuras destacadas, Rollo May, influyente psicólogo existencial, amplió aún más el discurso sobre la autorrealización al integrar temas existenciales de libertad, responsabilidad y autenticidad en el marco conceptual. El enfoque fenomenológico-existencial de May y su exploración de la experiencia humana en el contexto de la ansiedad y la trascendencia proporcionaron una perspectiva multifacética que complementó los constructos teóricos de Maslow y enriqueció la comprensión de la autorrealización como un fenómeno multidimensional.

Fundamentos y premisas filosóficas

Los fundamentos y premisas filosóficas de la teoría de la autorrealización sirven como marco fundacional sobre el que se construye todo el concepto. En esencia, la teoría se nutre en gran medida de las filosofías humanistas y existencialistas, enfatizando el potencial único de crecimiento y realización personal de cada individuo. Las premisas de la teoría de la autorrealización afirman que los seres humanos tienen una motivación innata para alcanzar su máximo potencial y buscar significado y propósito en sus vidas. Esto se alinea con la filosofía existencialista, que posiciona a los individuos como agentes activos en la creación de su propia existencia y en la continua configuración de su crecimiento y desarrollo personal. Además, los fundamentos filosóficos de la teoría enfatizan la importancia de las experiencias subjetivas, la conciencia interior y la autonomía personal, todo lo cual concuerda con las filosofías humanistas que priorizan la percepción única de la realidad y el autoconcepto de cada individuo. Estos fundamentos filosóficos proporcionan una profunda comprensión de la profundidad y complejidad de la naturaleza y el comportamiento humanos, ofreciendo una perspectiva holística que trasciende los puntos de vista reduccionistas. Además, la integración de principios filosóficos en la teoría de la autorrealización enriquece su conceptualización de la motivación humana, enfatizando la importancia de los valores personales, la autenticidad y la autotrascendencia. Un aspecto central de este marco es el reconocimiento de los seres humanos como entidades inherentemente impulsadas por un propósito, guiadas por un deseo innato de autorrealización y la búsqueda de comprensión existencial. Los fundamentos y premisas filosóficas también subrayan la interconexión entre el individuo y el contexto más amplio de la existencia, reconociendo la interacción dinámica entre el mundo interno de la persona y el mundo externo en el que se desenvuelve. Esto conduce a una comprensión integral de la experiencia humana, que abarca las dimensiones psicológica, emocional y existencial. Además, los fundamentos y premisas filosóficas de la teoría de la autorrealización enfatizan la dignidad y el valor inherentes de cada individuo, fomentando una profunda apreciación de la riqueza y diversidad de las potencialidades y aspiraciones humanas. Al integrar estos conceptos filosóficos, la teoría ofrece una lente profunda a través de la cual explorar la naturaleza multifacética de la identidad humana y la búsqueda de significado, fomentando en última instancia una apreciación más profunda de la humanidad intrínseca que nos une a todos.

Distinción con otras teorías psicológicas

La teoría de la autorrealización, propuesta por Abraham Maslow, se distingue de otras teorías psicológicas por su énfasis en el desarrollo holístico del individuo. A diferencia de las teorías conductistas o psicoanalíticas, que se centran principalmente en conductas observables o impulsos inconscientes, la teoría de la autorrealización prioriza el potencial innato de crecimiento y realización personal de cada persona. Esta distinción refleja un cambio de enfoque, desde la patología y la disfunción hacia la exploración del potencial y el bienestar humanos.

La teoría de la autorrealización incorpora un enfoque positivo y humanista para comprender el comportamiento y la motivación humanos. Si bien muchas teorías psicológicas se basan en el estudio del comportamiento anormal o desordenado, la teoría de la autorrealización reconoce y celebra la dignidad y el valor inherentes de cada individuo, independientemente de su estado actual. Este enfoque en la positividad y el empoderamiento la distingue de los enfoques tradicionales que pueden patologizar ciertos aspectos de la experiencia humana.

Otra distinción clave reside en la naturaleza jerárquica de la jerarquía de necesidades que presenta la teoría de la autorrealización. El marco de Maslow reconoce que los motivos y las necesidades de los individuos evolucionan a medida que progresan hacia la autorrealización, enfatizando la naturaleza dinámica y evolutiva del desarrollo humano. Esto contrasta con las teorías estáticas que sugieren motivaciones consistentes e inmutables o rasgos fijos.

La teoría de la autorrealización se diferencia de las perspectivas reduccionistas al considerar la naturaleza multifacética de la experiencia humana. Reconoce que los individuos se ven influenciados por interacciones complejas de factores biológicos, psicológicos, sociales y espirituales, en lugar de reducir el comportamiento a determinantes singulares. Al adoptar esta visión integral del funcionamiento humano, la teoría de la autorrealización se distingue de los modelos reduccionistas o excesivamente deterministas.

Finalmente, el énfasis en la autonomía personal y la autodeterminación distingue la teoría de la autorrealización de las teorías que minimizan el papel de la autonomía individual. Al destacar la importancia de las decisiones conscientes, los valores personales y la expresión creativa en la búsqueda de la autorrealización, esta teoría guía a las personas hacia una existencia más empoderada y auténtica. Este reconocimiento de la autonomía individual representa un cambio con respecto a las teorías que priorizan las influencias externas o las fuerzas deterministas.

Conceptos erróneos comunes y aclaraciones

Los conceptos erróneos comunes sobre la teoría de la autorrealización suelen derivar de malentendidos o simplificaciones excesivas de sus principios fundamentales. Una falacia frecuente es la percepción de que la autorrealización implica un estado de perfección o impecabilidad, cuando en realidad denota un proceso dinámico de crecimiento personal y la realización del potencial único de cada uno. Esta idea errónea puede generar una presión indebida en quienes se esfuerzan por la autorrealización, ya que pueden sentirse desanimados por expectativas poco realistas. Por el contrario, la autorrealización reconoce la capacidad humana inherente para el desarrollo continuo y la superación personal, enfatizando el camino en lugar de la meta final.

Otro malentendido generalizado se refiere a la creencia de que la teoría de la autorrealización promueve las búsquedas individualistas en detrimento del bienestar comunitario o colectivo. Sin embargo, una exploración más profunda revela que la autorrealización abarca la integración armoniosa de la realización personal con la preocupación genuina por los demás, lo que conduce a comportamientos altruistas y contribuciones significativas a la sociedad en general. Esta perspectiva equilibrada subraya la interconexión de las experiencias humanas y enfatiza la importancia de fomentar relaciones positivas y vínculos sociales como aspectos integrales de la autorrealización.

La idea de que la teoría de la autorrealización ignora las influencias externas y los factores ambientales suele ser errónea. Si bien la autorrealización enfatiza la motivación intrínseca y el potencial interno, no niega el impacto de las circunstancias externas ni de las dinámicas sociales. En cambio, la teoría reconoce la naturaleza interactiva del desarrollo individual en el contexto más amplio de las influencias culturales, sociales y ambientales. Al abordar estas ideas erróneas, podemos comprender mejor la naturaleza multifacética de la autorrealización y sus implicaciones para el bienestar personal y colectivo.

Para aclarar estos puntos, es importante ofrecer aclaraciones que disipen estas ideas erróneas. Enfatizar la naturaleza realista y holística de la autorrealización puede ayudar a las personas a abordar su crecimiento personal con una perspectiva equilibrada, reconociendo tanto su potencial inherente como los factores contextuales que moldean sus experiencias. Además, destacar los aspectos inclusivos y compasivos de la autorrealización puede inspirar a las personas a adoptar comportamientos prosociales y contribuir positivamente a sus comunidades.

El papel de la autorrealización en la motivación humana

La autorrealización es la cúspide de la jerarquía de necesidades humanas y actúa como una profunda fuerza motivadora. En esta cúspide, las personas se esfuerzan por el crecimiento personal, la realización personal y la realización de su potencial. El concepto enfatiza el deseo innato de superación personal y la búsqueda de metas significativas más allá de la supervivencia básica y las exigencias sociales. Para comprender el papel de la autorrealización en la motivación humana, es esencial profundizar en su impacto en diversos aspectos de la vida de una persona.

En primer lugar, la autorrealización fomenta la motivación intrínseca, donde las personas se ven impulsadas por recompensas internas como la satisfacción personal y un sentido de propósito. A diferencia de los motivadores extrínsecos, como las recompensas tangibles o las expectativas sociales, la autorrealización impulsa a las personas a realizar actividades por la alegría y la satisfacción inherentes que proporcionan. Este tipo de motivación se alinea con la expresión auténtica de los propios valores, intereses y talentos, lo que genera un mayor sentido de compromiso y participación.

La autorrealización influye en la selección y la búsqueda de metas congruentes con las aspiraciones y valores únicos de cada individuo. A medida que las personas avanzan hacia la autorrealización, sus motivaciones suelen cambiar de objetivos materialistas o impuestos externamente a aquellos que resuenen con su yo auténtico. Esta transformación en la fijación de metas refleja la alineación entre el crecimiento personal y la búsqueda de iniciativas con un significado intrínseco, lo que conduce al esfuerzo y la dedicación constantes.

La manifestación de la autorrealización en la motivación humana está estrechamente vinculada al proceso de autorregulación y autonomía. Cuando las personas se ven impulsadas por la búsqueda del crecimiento personal, muestran un mayor sentido de autoconciencia y autorregulación en sus comportamientos y toma de decisiones. Este nivel de autonomía les permite establecer y esforzarse por alcanzar metas significativas para su vida personal, y superar obstáculos con resiliencia y determinación.

Además, el concepto de autorrealización desempeña un papel fundamental en la percepción individual del éxito y la realización personal. En lugar de apegarse a indicadores externos de logro, las personas motivadas por la autorrealización priorizan el crecimiento integral y la realización de su potencial. Esta orientación hacia el desarrollo personal genera una profunda sensación de plenitud y bienestar, ya que las personas miden su éxito con parámetros autodefinidos que trascienden los indicadores superficiales de logro.

Metodologías de investigación utilizadas en el estudio de la autorrealización

La investigación sobre la autorrealización y sus procesos subyacentes abarca diversas metodologías destinadas a comprender integralmente este complejo fenómeno. Los enfoques cuantitativos, caracterizados por el análisis estadístico y los datos mensurables, han sido fundamentales para identificar patrones y asociaciones relacionados con la autorrealización. Encuestas y cuestionarios, como el Inventario de Orientación Personal (IOP) y la Escala de Autorrealización, se han empleado ampliamente para medir los niveles de autorrealización de las personas y explorar los factores que influyen en este estado. Además, los estudios longitudinales han proporcionado información valiosa sobre la trayectoria de desarrollo de la autorrealización, arrojando luz sobre cómo este fenómeno evoluciona a lo largo de la vida. Esta investigación cuantitativa ha permitido la formulación de marcos empíricos que intentan capturar la naturaleza multidimensional de la autorrealización. Por el contrario, las metodologías cualitativas, que incluyen entrevistas en profundidad, estudios de caso y análisis fenomenológicos, han permitido a los investigadores profundizar en las experiencias y narrativas subjetivas de las personas autorrealizadas. Al explorar las experiencias vividas y las perspectivas personales de individuos que encarnan la autorrealización, la investigación cualitativa proporciona relatos matizados y muy detallados que complementan los hallazgos cuantitativos. Además, los avances en técnicas neurocientíficas, como la resonancia magnética funcional (fMRI) y la electroencefalografía (EEG), han facilitado la exploración de correlatos neuronales asociados con la autorrealización. Estas investigaciones neurocientíficas ofrecen perspectivas sobre los sustratos neurobiológicos que sustentan diversos aspectos de la autorrealización, acortando así la brecha entre los constructos psicológicos y los mecanismos neurofisiológicos. Es esencial reconocer la naturaleza interdisciplinaria de la investigación sobre la autorrealización, reconociendo el valor de integrar paradigmas psicológicos, sociológicos y biológicos para lograr una comprensión holística. Asimismo, los estudios transculturales han proporcionado perspectivas comparativas esenciales sobre la autorrealización, elucidando las variaciones culturales en la conceptualización y manifestación de la autorrealización en diversas sociedades. Al adoptar un enfoque multimétodo que abarca estrategias tanto cuantitativas como cualitativas, los investigadores se esfuerzan por capturar la dinámica de la autorrealización y al mismo tiempo reconocer su complejidad inherente y su naturaleza multifacética.

CONTEXTO Y DESARROLLO DE LA TEORÍA DE MASLOW

Vida temprana e influencias académicas de Abraham Maslow

Abraham Maslow, nacido en 1908, se crio en una familia culturalmente rica en Brooklyn, Nueva York. Sus primeros años estuvieron marcados por la exposición a diversas influencias intelectuales, incluyendo el ferviente interés de sus padres por la filosofía, la literatura y las humanidades. Estas experiencias formativas contribuyeron sin duda a la posterior inclinación de Maslow hacia un enfoque holístico y humanista de la psicología. Además, el tumultuoso panorama sociopolítico de principios del siglo XX, caracterizado por la Primera Guerra Mundial y la Gran Depresión, inculcó en Maslow una profunda empatía por la condición humana y el deseo de comprender los factores que contribuyen al crecimiento y la realización personal. En cuanto a la formación académica, Maslow asistió al City College de Nueva York, donde se interesó en las prominentes teorías conductistas y psicoanalíticas que dominaban el discurso psicológico de la época. Sin embargo, sus encuentros con prestigiosos profesores como Alfred Adler y Ruth Benedict lo orientaron hacia una perspectiva más individualista y culturalmente sensible. Estos encuentros no solo ampliaron los horizontes teóricos de Maslow, sino que también moldearon su creencia en el valor intrínseco y el potencial de cada individuo. La fusión de estas primeras influencias sentó las bases para que Maslow se distanciara de los enfoques reduccionistas tradicionales y sentó las bases para el desarrollo de su teoría fundamental de la autorrealización y la jerarquía de necesidades.

Las investigaciones y observaciones iniciales de Maslow

La exploración de Maslow del comportamiento humano surgió de una profunda curiosidad por las motivaciones subyacentes que impulsan a las personas hacia la autorrealización. En su juventud, Maslow realizó extensos estudios empíricos para desentrañar las complejidades de las necesidades y aspiraciones humanas. Sus primeras investigaciones se caracterizaron por una meticulosa atención al detalle y una ferviente dedicación a descubrir patrones universales en la experiencia humana. A través de sus observaciones, Maslow identificó temas recurrentes relacionados con la motivación humana, la resiliencia y la búsqueda del crecimiento personal. Estas incursiones iniciales en la investigación psicológica sirvieron de catalizador para su posterior conceptualización de la jerarquía de necesidades y el concepto de autorrealización. Además, sus primeras investigaciones sentaron las bases de sus contribuciones fundamentales al floreciente campo de la psicología humanista. Al documentar y analizar meticulosamente las manifestaciones conductuales del esfuerzo individual y colectivo, Maslow inició un cambio de paradigma en el pensamiento psicológico, desafiando la sabiduría convencional y allanando el camino para el surgimiento de un enfoque más holístico y centrado en la persona para comprender la naturaleza humana. Además, sus agudos conocimientos y su rigor metodológico sentaron un precedente para que futuros académicos y profesionales integraran la sabiduría experiencial con la precisión empírica, enriqueciendo así el tapiz de la erudición psicológica.

La formulación de la visión trágica

Durante el desarrollo de su teoría, Abraham Maslow se topó con una profunda revelación que posteriormente influiría en su conceptualización de la motivación humana y el crecimiento psicológico. Denominada «visión trágica», este componente clave arrojó luz sobre los aspectos más oscuros de la naturaleza humana y el impacto de las necesidades insatisfechas en el bienestar individual. La observación de Maslow sobre la privación, tanto en sus experiencias personales como a través de su extensa investigación, condujo a la introspección del sufrimiento como parte intrínseca de la condición humana. La visión trágica comprendía que, sin la satisfacción de las necesidades fisiológicas y psicológicas básicas, las personas son susceptibles a estados duraderos de angustia e insatisfacción. Al analizar las implicaciones de la visión trágica, Maslow buscó explorar las profundidades de la existencia humana y la lucha inherente por la autorrealización en medio de la adversidad y los desafíos. Esta fase crucial en la evolución teórica de Maslow sentó las bases para abordar las complejidades del comportamiento humano y la importancia de abordar las necesidades insatisfechas para fomentar el desarrollo holístico. Con un enfoque conmovedor en la interacción entre el potencial innato y las influencias ambientales, la formulación de la visión trágica por parte de Maslow impulsó una reevaluación de los paradigmas psicológicos tradicionales y propuso un marco más integral para comprender la naturaleza humana. Profundizando en las facetas del sufrimiento humano y las aspiraciones frustradas, la visión trágica dilucidó las complejidades de las motivaciones humanas y la búsqueda constante de la plenitud. Además, impulsó a Maslow a construir una teoría que no solo reconociera estos aspectos más oscuros, sino que también ofreciera un camino para superarlos. Al integrar la visión trágica en el contexto de su enfoque humanista, Maslow propugnaba una filosofía que honraba la resiliencia del espíritu humano y destacaba el poder transformador de la autorrealización. Por lo tanto, la formulación de la visión trágica significó un cambio paradigmático en el pensamiento psicológico, acentuando la necesidad de integrar las luchas intrínsecas de la existencia humana en el tejido de las teorías motivacionales y las prácticas terapéuticas.

Influencia del movimiento de la psicología humanista

La influencia del movimiento de la psicología humanista en la teoría de Maslow es profunda y multifacética. Como figura clave en el desarrollo del movimiento, Maslow se vio profundamente influenciado por las ideas y principios propuestos por otros destacados psicólogos humanistas como Carl Rogers y Rollo May. La psicología humanista, como reacción contra el determinismo estricto y el conductismo que dominaban el campo en aquel momento, enfatizó el valor intrínseco y el potencial del individuo. Maslow adoptó este énfasis en la agencia humana, la autonomía y el crecimiento personal, e influyó significativamente en el desarrollo de su Jerarquía de Necesidades y el concepto de autorrealización.

Un principio fundamental de la psicología humanista es la creencia en la bondad y la creatividad innatas de los individuos, así como su enfoque en las experiencias humanas subjetivas. La teoría de Maslow refleja estas creencias fundamentales, en particular al enfatizar los aspectos positivos de la naturaleza humana y la búsqueda de la plenitud y la autorrealización. Además, el énfasis de la psicología humanista en los enfoques holísticos y la importancia de la persona en su totalidad se alineó profundamente con la perspectiva integradora y holística de Maslow.

El movimiento de la psicología humanista brindó a Maslow un entorno propicio y abierto para desarrollar y perfeccionar sus ideas. El intercambio de perspectivas y el espíritu colaborativo dentro del movimiento impulsaron la evolución de la teoría de Maslow, animándolo a profundizar en la exploración de la motivación humana y la realización del potencial humano.

El ethos de la psicología humanista también influyó considerablemente en el enfoque de Maslow hacia la investigación y la práctica clínica. El énfasis humanista en la empatía, la autenticidad y la consideración positiva incondicional permearon profundamente el propio enfoque terapéutico de Maslow y sus interacciones con sus estudiantes y colegas. Guió su comprensión de la importancia de la relación terapéutica y la facilitación del crecimiento personal y el autodescubrimiento.

En resumen, la influencia del movimiento de la psicología humanista en la teoría de Maslow no solo fue sustancial, sino también simbiótica. La teoría de Maslow enriqueció el movimiento con un marco integral para comprender la motivación y el desarrollo humano, mientras que el movimiento de la psicología humanista le proporcionó a Maslow un entorno intelectual propicio para madurar y difundir sus ideas.

Intersección con la filosofía existencial

A mediados del siglo XX, el floreciente campo de la psicología experimentó una importante intersección con la filosofía existencial, gracias en parte al trabajo pionero de Abraham Maslow. Esta convergencia entre la psicología y el existencialismo marcó un momento crucial en la evolución de la psicología humanista e influyó en el desarrollo de la revolucionaria teoría de la autorrealización de Maslow. Al examinar esta intersección con la filosofía existencial, es fundamental profundizar en los principios fundamentales del pensamiento existencial y su profundo impacto en el marco conceptual de Maslow. La filosofía existencial, encabezada en particular por eminencias como Jean-Paul Sartre y Martin Heidegger, enfatizó la importancia de la autonomía individual, la autenticidad, la libertad y la búsqueda de sentido en un mundo aparentemente absurdo o indiferente. Maslow, inspirándose en la filosofía existencial, integró estos temas existenciales en sus construcciones teóricas, en particular al dilucidar el proceso de autorrealización y la búsqueda de la trascendencia. La influencia de la filosofía existencial en el pensamiento de Maslow resuena en su énfasis en la experiencia subjetiva, el crecimiento personal y el anhelo humano de autotrascendencia más allá de la mera supervivencia y las búsquedas materiales. Además, las perspectivas existenciales impulsaron a Maslow a explorar el valor intrínseco de la existencia humana, la búsqueda de propósito y plenitud, y el reconocimiento de la mortalidad como componentes esenciales de la condición humana. Esta intersección de la indagación psicológica con la filosofía existencial dio lugar a una comprensión más holística de la naturaleza y el comportamiento humanos, fomentando una perspectiva más amplia que reconocía el profundo impacto de las preocupaciones existenciales en el bienestar y la autorrealización de las personas. A medida que el paradigma de Maslow se fue configurando en este rico entorno intelectual, la fusión de la psicología humanista con la filosofía existencial produjo un cambio paradigmático en el estudio de la motivación y el desarrollo humano. Cabe destacar que esta sinergia interdisciplinaria despertó un renovado interés por explorar las dimensiones existenciales de los fenómenos psicológicos, revitalizando así el discurso académico y ampliando los horizontes de la indagación psicológica. En consecuencia, la intersección con la filosofía existencial no sólo enriqueció la teoría de Maslow sino que también catalizó un enriquecimiento paradigmático de la psicología humanista, enfatizando la dignidad inherente, la resiliencia y el potencial de crecimiento dentro del espíritu humano.

Psicología del siglo XX

El siglo XX fue una época de profunda evolución y diversificación en el campo de la psicología, marcada por cambios significativos en los paradigmas teóricos y el surgimiento de influyentes escuelas de pensamiento. En este contexto, la teoría de la autorrealización de Abraham Maslow se enmarcaba en un fascinante panorama intelectual que influyó significativamente en su desarrollo y recepción. Las primeras décadas del siglo XX presenciaron el predominio del conductismo, con figuras prominentes como John B. Watson y B. F. Skinner ejerciendo una considerable influencia en el discurso psicológico. El énfasis del conductismo en la conducta observable y el empirismo estricto sentaron las bases para una visión mecanicista de la naturaleza humana, lo que provocó la reacción de pensadores que buscaban explorar las experiencias subjetivas y las preocupaciones existenciales de los individuos. Simultáneamente, el marco psicoanalítico de Sigmund Freud, centrado en el subconsciente y las influencias de la primera infancia, dominó a gran parte de la comunidad psicológica. El alejamiento de Maslow de estas perspectivas predominantes fue crucial, ya que buscaba esclarecer los aspectos inherentemente positivos de la experiencia humana y la búsqueda de la autorrealización. Además, mediados del siglo XX marcó el auge de la psicología cognitiva, que destacó procesos mentales como la percepción, la memoria y la resolución de problemas. Este cambio hacia la cognición y el procesamiento de la información sentó las bases para la exploración de las motivaciones humanas superiores y la naturaleza holística de la autorrealización. Además, la llegada del movimiento de la psicología humanista, impulsado por figuras destacadas como Carl

Rogers y Rollo May, generó un clima propicio para las ideas de Maslow. El enfoque de la psicología humanista en el bienestar subjetivo, el crecimiento personal y la realización del potencial innato coincidió profundamente con los principios fundamentales del marco teórico de Maslow. Es en estas corrientes intersectoriales de la psicología del siglo XX donde las semillas de la teoría de la autorrealización arraigaron y florecieron, enfatizando el valor intrínseco de la agencia humana, la experiencia consciente y la búsqueda de la plenitud más allá de la mera supervivencia o el determinismo reduccionista.

Publicaciones clave e hitos

Una de las obras fundamentales que sentó las bases de la teoría de Maslow es «Hacia una psicología del ser», donde expuso el concepto de autorrealización y su papel en la motivación humana. Esta publicación marcó un punto de inflexión en la investigación psicológica, desplazando el enfoque de la patología y la disfunción al estudio de las experiencias humanas óptimas.

Otro hito es la formulación de Maslow de la jerarquía de necesidades, presentada en su artículo «Una teoría de la motivación humana». Este marco conceptual revolucionó la comprensión predominante de la motivación humana, enfatizando la búsqueda del crecimiento y la realización personal, además de las necesidades básicas de supervivencia.

La teorización de Maslow sobre las experiencias cumbre, documentada en «Religiones, valores y experiencias cumbre», contribuyó significativamente a la exploración de los momentos trascendentales y transformadores de la vida humana. Al reconocer estos momentos profundos como parte integral de la autorrealización, Maslow amplió la comprensión del potencial humano y las dimensiones espirituales en el discurso psicológico.

Por otra parte, 'Motivación y Personalidad' se erige como una publicación crítica que consolida las propuestas teóricas de Maslow, presentando la jerarquía de necesidades de manera integral y articulando el concepto de autorrealización con evidencia empírica.

La publicación de 'Felicidad y Economía: Cómo la Economía y las Instituciones Afectan el Bienestar' marcó un enfoque interdisciplinario de Maslow, ampliando la aplicación de sus teorías más allá de la psicología tradicional a la economía y las estructuras sociales, destacando la relevancia de la autorrealización en el bienestar y el progreso social.

Además de estas publicaciones clave, el compromiso de Maslow con la psicología organizacional y sus contribuciones a través de 'Eupsychian Management' describieron la aplicación de principios humanísticos en la dinámica del lugar de trabajo, abogando por entornos que fomenten el crecimiento individual y la autorrealización.

Finalmente, la creación de la Revista de Psicología Humanística por Maslow desempeñó un papel fundamental en la promoción de la psicología humanística como disciplina académica y en brindar una plataforma para que los investigadores exploraran temas relacionados con la autorrealización, el crecimiento personal y el bienestar holístico. Esto marca un hito significativo en la difusión y evolución de las ideas de Maslow y su impacto duradero en la investigación y la práctica psicológica.

Recepción crítica y revisiones posteriores

La recepción crítica de la teoría de Maslow ha sido multifacética, con académicos y profesionales que ofrecen diversas perspectivas sobre su validez, aplicabilidad y limitaciones. Un área destacada de crítica gira en torno a la naturaleza occidentalocéntrica de la jerarquía de necesidades de Maslow y su posible falta de universalidad entre culturas. Los críticos argumentan que el énfasis en los valores individualistas y la búsqueda de la autorrealización ignora los aspectos comunitarios e interdependientes de la existencia humana, fundamentales en muchos contextos culturales no occidentales.

Las revisiones posteriores de la teoría de Maslow han surgido en respuesta a estas críticas y al panorama cambiante de la investigación psicológica. Los académicos han buscado integrar los principios del colectivismo, la identidad social y la diversidad cultural en el marco de la autorrealización, reconociendo la importancia del contexto en la configuración de la motivación y la realización humana. Además, los avances en la investigación neurobiológica han impulsado la reevaluación de los fundamentos neurológicos de la autorrealización, lo que ha llevado a una comprensión más profunda de los mecanismos fisiológicos que pueden influir en la manifestación de este constructo.

Además de las consideraciones culturales y neurocientíficas, los críticos también han analizado los supuestos teóricos inherentes a la conceptualización de Maslow sobre la autorrealización, señalando posibles sesgos y omisiones. Algunos han argumentado que la estructura jerárquica de las necesidades podría no coincidir universalmente con las experiencias vividas de los individuos, y que la progresión lineal desde los requisitos fisiológicos básicos hasta la autorrealización podría simplificar excesivamente la complejidad de las motivaciones humanas. Esto ha impulsado conceptualizaciones alternativas que enfatizan la naturaleza dinámica e interconectada de diversas necesidades, así como el potencial para la búsqueda simultánea de múltiples aspectos del bienestar.

El surgimiento de la psicología positiva ha impulsado la revisión de la autorrealización en el contexto más amplio del desarrollo humano y el funcionamiento óptimo. Los académicos han explorado la intersección de la autorrealización con constructos como la resiliencia, la tenacidad y las fortalezas de carácter, buscando dilucidar la interacción entre el crecimiento individual, el bienestar social y la búsqueda de una vida plena. Estos diálogos interdisciplinarios han contribuido a una comprensión más matizada y holística del potencial humano, enriqueciendo el discurso sobre la autorrealización y sus implicaciones para el desarrollo personal y el progreso social.

Comparación con las teorías contemporáneas

Para apreciar plenamente la importancia de la teoría de la autorrealización de Maslow, es fundamental contextualizarla en el contexto de las teorías psicológicas contemporáneas. Cabe establecer una comparación significativa entre el enfoque de Maslow en el potencial humano y la psicología positiva, un movimiento que cobró impulso a finales del siglo XX. La psicología positiva, impulsada por Martin Seligman y otros, enfatiza el bienestar, las fortalezas y las virtudes, en consonancia con el énfasis de Maslow en la autorrealización como la cúspide del desarrollo humano.

La jerarquía de necesidades de Maslow se ha contrastado con otros modelos de motivación y personalidad. Por ejemplo, la teoría de la autodeterminación propuesta por Deci y Ryan comparte similitudes con las ideas de Maslow, en particular su énfasis en la motivación intrínseca y el crecimiento personal. Al examinar la compatibilidad y las divergencias entre estas teorías, los investigadores han enriquecido continuamente el discurso sobre la motivación y la realización humana.

La perspectiva de la psicología positiva existencial, una integración de la psicología existencial-humanista y la positiva, refuerza varios aspectos de la teoría de Maslow. Este enfoque subraya la importancia de la construcción de significado, la autenticidad y la trascendencia para lograr un funcionamiento óptimo, en estrecha consonancia con los principios de Maslow sobre la autorrealización y las experiencias cumbre.

Además, el marco teórico de la teoría de la autodeterminación, que enfatiza la autonomía, la competencia y la relación, comparte puntos en común con las consideraciones de Maslow sobre la autorrealización y la necesidad de una autoexpresión auténtica. Estos paralelismos subrayan la perdurable relevancia y resonancia de los conceptos fundamentales de Maslow en el discurso psicológico contemporáneo.

Por el contrario, los críticos han señalado la naturaleza individualista de la teoría de Maslow y sus posibles limitaciones para explicar las variaciones culturales y el bienestar colectivo. En respuesta, los psicólogos transculturales han explorado cómo las dimensiones culturales, como el colectivismo y la interdependencia, interactúan con la búsqueda de la autorrealización. Esta línea de investigación subraya la interacción dinámica entre las aspiraciones individuales y los contextos socioculturales, lo que enriquece nuestra comprensión del desarrollo humano desde diversas perspectivas.

POSTULADOS FUNDAMENTALES Y CONCEPTOS CLAVE

Necesidades humanas básicas

1. La génesis de la teoría de las necesidades jerárquicas:

El origen de la Teoría de las Necesidades Jerárquicas de Maslow se remonta a principios del siglo XX, una época de gran auge en la investigación psicológica y un gran interés por comprender los factores clave del comportamiento humano. Esta era presenció un cambio fundamental desde las perspectivas puramente conductistas hacia un enfoque más holístico que buscaba descubrir los motivos y aspiraciones subyacentes de los individuos. En este contexto intelectual, Abraham Maslow, figura pionera de la psicología humanista, se erigió como un precursor al abogar por la priorización de las necesidades humanas como una perspectiva para comprender la motivación y el desarrollo humano.

En el corazón de la teoría de Maslow se encuentra la creencia de que el comportamiento humano no está determinado únicamente por estímulos externos o refuerzos, sino que está profundamente influenciado por una interacción de necesidades intrínsecas. Esta ruptura con los paradigmas predominantes del conductismo y el psicoanálisis marcó un cambio de paradigma significativo y desencadenó una nueva ola de exploración de los pilares fundamentales de la motivación humana.

En la génesis de la Teoría de las Necesidades Jerárquicas se encuentran los extensos estudios de Maslow sobre individuos ejemplares, a quienes denominó «autorrealizados». Mediante sus meticulosos análisis, Maslow descubrió patrones comunes y temas recurrentes en la vida de estos individuos, lo que lo llevó a la profunda comprensión de que ciertas necesidades prevalecían sobre otras, culminando finalmente en una jerarquía de necesidades humanas. Al sintetizar estas observaciones en un marco teórico coherente, Maslow se propuso proporcionar una guía completa para comprender la motivación y la realización humanas.

La base teórica de la Teoría de las Necesidades Jerárquicas se inspiró en diversas fuentes, como la filosofía existencial, la antropología y las tradiciones de sabiduría oriental. El enfoque interdisciplinario de Maslow reflejó la ambición de sintetizar las perspectivas más profundas de diversas disciplinas en una comprensión unificada de la naturaleza humana. Esta integración de diversas corrientes intelectuales sirvió para enriquecer y fundamentar la solidez de la teoría de Maslow, posicionándola como una contribución fundamental al campo de la psicología.

El contexto histórico que rodeó el desarrollo de la Teoría de las Necesidades Jerárquicas es fundamental. Los tumultuosos acontecimientos de principios y mediados del siglo XX, incluyendo dos guerras mundiales, convulsiones económicas y transformaciones sociales, proporcionaron un crisol donde las cuestiones de la resiliencia humana, la motivación y el significado existencial adquirieron una relevancia creciente. La teoría de Maslow, en muchos sentidos, ofreció un rayo de esperanza en medio del caos, proporcionando un marco coherente mediante el cual las personas podían aspirar a trascender la adversidad y cultivar su potencial innato.

2. Jerarquía - Necesidades fisiológicas:

Las necesidades fisiológicas, fundamento de la motivación humana según la Jerarquía de Necesidades de Maslow, abarcan los requisitos fundamentales para la supervivencia y el funcionamiento biológico. Estas necesidades primarias constituyen la base sobre la que se construyen todas las demás necesidades de orden superior. En el núcleo de las necesidades fisiológicas se encuentran las necesidades para el sustento de la vida, como el aire, el agua, la comida, el refugio y el sueño. Maslow postuló que, hasta que los individuos alcanzan cierto nivel de satisfacción en estos requisitos fisiológicos, permanecen preocupados por satisfacerlos antes de avanzar hacia la búsqueda de necesidades de nivel superior. Esto concuerda con el instinto de supervivencia inherente a todos los seres. Es crucial reconocer que, si bien las necesidades fisiológicas a menudo se consideran básicas e instintivas, tienen una enorme influencia en los estados cognitivos y emocionales del individuo. Además, no se puede subestimar el impacto de las influencias ambientales en la satisfacción de estas necesidades. Factores como el acceso a los recursos, la estabilidad económica y las condiciones sociales influyen significativamente en la capacidad de los individuos para satisfacer sus necesidades fisiológicas. Al examinar la interacción entre las demandas fisiológicas y el bienestar psicológico, se hace evidente que la búsqueda de la autorrealización está vinculada con la satisfacción de las necesidades de nivel inferior.

3. Necesidades de seguridad - La base de la seguridad y la estabilidad:

Las necesidades de seguridad, definidas en el marco de la Jerarquía de Necesidades de Maslow, abarcan diversos factores que contribuyen a la sensación general de seguridad y bienestar de una persona. En esencia, las necesidades de seguridad se centran en crear entornos y condiciones que mitiguen las amenazas físicas, emocionales y psicológicas. Esto implica fomentar situaciones de vida o trabajo estables y fiables, libres de miedo, peligro o agitación. En muchos casos, estas necesidades se manifiestan a través del deseo de protección, acceso a la atención médica, estabilidad financiera, seguridad laboral y una sensación de orden y previsibilidad en el entorno. Ya sea la presencia de la ley y el orden en una comunidad o la garantía de una unidad familiar segura y comprensiva, las necesidades de seguridad desempeñan un papel fundamental para que las personas avancen en su camino hacia el crecimiento personal. Es importante reconocer que la satisfacción de las necesidades de seguridad no depende únicamente de la ausencia de peligros evidentes, sino también de la percepción de seguridad y la disponibilidad de recursos para afrontar desafíos imprevistos. En la sociedad contemporánea, las necesidades de seguridad van más allá de las protecciones físicas e incluyen la ciberseguridad, los sistemas de apoyo a la salud mental y las estructuras sociales que fomentan la inclusión y protegen contra la discriminación. Comprender y reconocer la importancia de las necesidades de seguridad en el contexto más amplio del desarrollo humano es esencial tanto para las personas como para las comunidades. Al abordar estos requisitos fundamentales, podemos crear entornos propicios para el crecimiento personal, la resiliencia y la búsqueda de mayores aspiraciones.

4. Pertenencia social - Conexiones emocionales:

La necesidad humana de pertenencia social está profundamente arraigada en nuestra psique, influyendo en nuestro bienestar emocional y sentido de identidad. Este deseo innato de conectar con los demás y forjar relaciones significativas moldea nuestras interacciones y experiencias en la sociedad. Cultivar conexiones emocionales es un proceso multifacético que abarca tanto el sentido interno de conexión del individuo como su compromiso externo con la comunidad.

En esencia, la pertenencia social fomenta un sentido de inclusión y aceptación, brindando a las personas una red de apoyo que valida su valor e importancia. Ya sea a través de lazos familiares, amistades o círculos sociales más amplios, la oportunidad de compartir experiencias, expresar vulnerabilidades y recibir empatía sirve como una fuente fundamental de nutrición emocional. Estas conexiones no solo satisfacen la profunda necesidad humana de compañía, sino que también contribuyen a una mayor comprensión de uno mismo dentro del contexto del tejido social más amplio.

El sentido de pertenencia de una persona se ve influenciado por la calidad de sus relaciones y la reciprocidad de la inversión emocional. Las conexiones significativas, caracterizadas por la confianza, la comunicación abierta y el respeto mutuo, ofrecen un terreno fértil para el crecimiento personal y el autodescubrimiento. La naturaleza empática de estas relaciones anima a las personas a explorar sus emociones, aceptar la vulnerabilidad y buscar apoyo en tiempos de adversidad. A su vez, esta reciprocidad emocional refuerza la interconexión entre las personas y cultiva un sentido compartido de pertenencia.

La participación comunitaria y el sentido de pertenencia trascienden las relaciones personales para abarcar afiliaciones sociales más amplias y dinámicas de grupo. La participación activa en actividades comunitarias, iniciativas colaborativas e iniciativas filantrópicas fomenta un sentido de propósito compartido y una identidad colectiva. Al contribuir positivamente al bienestar de la comunidad, las personas no solo fortalecen sus vínculos sociales, sino que también obtienen una profunda satisfacción por sus contribuciones altruistas.

Sin embargo, es importante reconocer que la ausencia de una auténtica pertenencia social puede conducir al aislamiento emocional y al malestar psicológico. Experimentar exclusión, rechazo o soledad crónica puede generar sentimientos de alienación y desconexión, lo que afecta el bienestar mental y emocional. Comprender la importancia intrínseca de la pertenencia social subraya la importancia de fomentar entornos inclusivos que prioricen la empatía, la aceptación y la interconexión.

5. Necesidades de autoestima - Autoestima y reconocimiento:

Las necesidades de estima encapsulan el deseo universal de reconocimiento, respeto y valor, tanto propio como ajeno. Esta etapa crucial de la jerarquía enfatiza la necesidad humana intrínseca de un sentido de logro, competencia y autoestima. En esta coyuntura, las personas buscan la validación y la afirmación de su valía, lo que contribuye al desarrollo de un autoconcepto positivo. La búsqueda de satisfacer las necesidades de estima sirve como catalizador para el crecimiento personal y el bienestar psicológico.

La base para desarrollar la autoestima reside en cultivar una sana autoestima. Esto implica fomentar una mentalidad de autoestima, confianza y fe en las propias capacidades. Las personas participan activamente en actividades que no solo validan sus habilidades y talentos, sino que también fomentan un profundo sentido de orgullo y logro. Al obtener reconocimiento por sus contribuciones, ya sea en el ámbito personal o profesional, las personas fortalecen su autoestima, lo que refuerza un ciclo positivo de confianza en sí mismas y eficacia. Además, participar en iniciativas significativas que se alineen con los valores y objetivos personales desempeña un papel fundamental en el desarrollo de una sólida autoestima.

El elemento de la validación externa y la estima cobra cada vez mayor relevancia en las interacciones sociales. El reconocimiento y la admiración de compañeros, mentores y figuras de autoridad desempeñan un papel fundamental en el fortalecimiento de la autoestima. La aceptación y el respeto en el entorno social contribuyen a un equilibrio armonioso entre la afirmación interna y externa, impulsando el camino de una persona hacia la realización de sus necesidades de estima. Además, la retroalimentación recibida sirve como indicador del crecimiento personal y proporciona información valiosa sobre áreas de mejora y perfeccionamiento, lo que refuerza el desarrollo de las necesidades de estima.

El reconocimiento, tanto en el ámbito personal como en el profesional, constituye un testimonio de la competencia y la importancia de una persona. Ya sea por logros laborales, actividades creativas o logros personales, el reconocimiento valida el esfuerzo individual y refuerza su lugar en la sociedad. Es a través de este reconocimiento que las personas encuentran validación de sus contribuciones e impacto en su entorno inmediato, afirmando su estatus y valía. En definitiva, la satisfacción de las necesidades de autoestima es fundamental para fomentar la resiliencia, el autoempoderamiento y el desarrollo de una identidad positiva y enriquecedora.

6. El Pináculo - La autorrealización como necesidad:

La autorrealización abarca el deseo innato de alcanzar el máximo potencial, perseguir el crecimiento personal y encontrarle sentido a la vida. En el centro de la autorrealización reside la búsqueda de la autenticidad y la realización de los talentos y capacidades individuales. Este nivel de necesidad trasciende lo mundano y se adentra en la esfera del propósito profundo y la autoconciencia. Según Maslow, solo una pequeña fracción de las personas alcanza verdaderamente el estado de autorrealización, mientras que para muchos, sigue siendo una aspiración a lo largo de sus vidas. Las personas autorrealizadas exhiben una profunda conciencia moral y ética, junto con una búsqueda inquebrantable de crecimiento y realización personal. Abrazan la espontaneidad, la creatividad y una apreciación holística del mundo que las rodea. Esta búsqueda de autorrealización no es simplemente un objetivo hedonista, sino un profundo anhelo de autotrascendencia y una exploración incesante de la propia identidad única. El logro de la autorrealización exige alejarse de las presiones sociales y las validaciones externas, priorizando la armonía y la congruencia internas. Es un viaje marcado por la introspección, el autodescubrimiento y un compromiso inquebrantable con el desarrollo personal. Quienes buscan la autorrealización a menudo se encuentran inmersos en actividades que reflejan sus valores y creencias profundamente arraigados, fomentando un profundo sentido de propósito y dirección. Además, el logro de la autorrealización está entrelazado con la noción de experiencias cumbre: momentos transformadores y eufóricos que impulsan el crecimiento espiritual y emocional del individuo. Estas experiencias sirven como catalizadores, impulsando a las personas hacia estados superiores de conciencia y claridad existencial. La búsqueda de la autorrealización es una aspiración humana universal que trasciende las fronteras culturales, sociales y geográficas. Sin embargo, los caminos para alcanzar esta necesidad pueden divergir según las inclinaciones individuales, los factores ambientales y los atributos personales inherentes. Al embarcarnos en el desentrañar las complejidades del viaje de la autorrealización, es imperativo reconocer la naturaleza multifacética de este proceso, arraigado en las dinámicas interconectadas de la psicología, la filosofía y la espiritualidad.

7. De la ausencia a la plenitud - La transición a través de la jerarquía:

A medida que las personas progresan por las etapas, experimentan un proceso de transformación que va de la ausencia a la plenitud. En el nivel fundamental de las necesidades fisiológicas, la ausencia de necesidades como alimento, agua y descanso puede generar una sensación de privación y urgencia. La transición de este estado de carencia a la plenitud ocurre a medida que se satisfacen estas necesidades, lo que proporciona una sensación de estabilidad y bienestar.

En la jerarquía, las necesidades de seguridad abarcan la seguridad física, el empleo, la salud y la propiedad. La ausencia de este ámbito puede provocar ansiedad, miedo o incertidumbre. La transición hacia la plenitud implica establecer un entorno seguro, estabilidad financiera y garantía de protección, lo que, en última instancia, fomenta una profunda sensación de paz y tranquilidad.

La pertenencia social marca la siguiente etapa en la jerarquía, donde las personas buscan compañía, amor y aceptación. La ausencia puede resultar en soledad, aislamiento y alienación. La transición hacia la plenitud en este contexto implica forjar relaciones significativas, experimentar un sentido de comunidad y cultivar conexiones emocionales, lo que genera un profundo sentido de pertenencia y afinidad.

Las necesidades de autoestima abarcan el reconocimiento, el respeto y la autoestima. La falta de autoestima puede manifestarse como inferioridad, incompetencia y desmoralización. Avanzar hacia la plenitud en este aspecto implica obtener reconocimiento, alcanzar logros personales y desarrollar una sólida autoestima y confianza.

Finalmente, en la cúspide de la jerarquía se encuentra la autorrealización, donde las personas se esfuerzan por el crecimiento personal, la realización de su potencial y la búsqueda de significado y propósito. La transición de la ausencia a la plenitud en esta etapa implica perseguir las pasiones, abrazar la creatividad, buscar la realización personal y contribuir al bien común, alcanzando así el máximo potencial y experimentando una profunda satisfacción y satisfacción.

8. Reflexión crítica sobre la viabilidad de la jerarquía:

El modelo jerárquico de necesidades humanas propuesto por Abraham Maslow ha servido durante mucho tiempo como marco fundamental para comprender la motivación y el desarrollo humano. Sin embargo, es necesario un análisis crítico para evaluar su viabilidad y aplicabilidad en diversos contextos sociales. Al evaluar la viabilidad de la jerarquía, es imperativo considerar su universalidad y sus posibles limitaciones en diferentes culturas, contextos socioeconómicos y variaciones individuales. Si bien la teoría de Maslow ha contribuido significativamente a nuestra comprensión del comportamiento y las aspiraciones humanas, es esencial reflexionar críticamente sobre su relevancia para abordar las complejidades de la sociedad contemporánea. Un aspecto clave a considerar es el sesgo cultural inherente a la formulación original de la jerarquía, ya que refleja principalmente los valores y normas de las sociedades occidentales. Esto plantea interrogantes sobre la universalidad de la jerarquía y su capacidad para abarcar todo el espectro de necesidades humanas en diferentes contextos culturales. Además, la evolución de las estructuras sociales, los avances tecnológicos y la globalización han dado lugar a nuevas dimensiones de la experiencia humana que podrían no haberse contemplado plenamente en la conceptualización original de Maslow. El ritmo acelerado del cambio y la interconexión de las sociedades globales han dado lugar a una reevaluación de las nociones tradicionales de necesidades y motivaciones. Por ello, es fundamental examinar críticamente si el enfoque jerárquico capta adecuadamente las complejidades y matices de la existencia humana moderna. Además, el diferente énfasis que se otorga a los distintos niveles de la jerarquía dentro de las distintas culturas exige un análisis exhaustivo de cómo los contextos culturales configuran la priorización y la satisfacción de las necesidades humanas. Esta reflexión crítica debe ir más allá de la contemplación teórica para abarcar estudios empíricos y narrativas experienciales de diversas poblaciones, enriqueciendo así nuestra comprensión de la relevancia de la jerarquía en un mundo multicultural. Asimismo, explorar la interseccionalidad de factores como el género, la etnia y el estatus socioeconómico con la jerarquía de necesidades arroja luz sobre las disparidades y matices que dificultan su aplicación universal. Es crucial reconocer que una representación singular y jerárquica de las necesidades humanas puede simplificar excesivamente la naturaleza multidimensional de los deseos y ambiciones humanas. Adoptar una perspectiva crítica permite explorar modelos alternativos o adaptaciones que encapsulen con mayor precisión las complejidades de la motivación y la realización humanas en la sociedad contemporánea.

9. Influencia de los contextos culturales en las necesidades humanas básicas:

Diversas culturas alrededor del mundo poseen sistemas de valores, estructuras de creencias y normas sociales distintivos que impactan significativamente la forma en que las personas perciben y satisfacen sus necesidades fundamentales. Una de las principales maneras en que los contextos culturales influyen en las necesidades humanas básicas es a través de la definición de lo que constituye una "necesidad". Las culturas varían en su énfasis en diferentes aspectos de la vida, como la autonomía individual, la interconexión comunitaria, la realización espiritual y la suficiencia material. Estos diferentes énfasis se traducen inevitablemente en variaciones en la jerarquía y priorización de las necesidades dentro de estas culturas. Por ejemplo, las sociedades colectivistas pueden otorgar mayor importancia a la pertenencia social y las relaciones interpersonales, considerándolas indispensables para el bienestar general, mientras que las culturas individualistas podrían priorizar la realización personal y las necesidades de autoestima.

Los medios a través de los cuales las personas se esfuerzan por satisfacer sus necesidades están fuertemente influenciados por los valores culturales. En algunas culturas, el apoyo y la cooperación de la comunidad pueden ser la principal vía para satisfacer necesidades, a diferencia de los enfoques más independientes observados en otros entornos culturales. Además, las asociaciones y los símbolos asociados a necesidades específicas pueden variar entre culturas, lo que influye en los métodos empleados para satisfacerlas.

Los contextos culturales también influyen en la interpretación y manifestación de la autorrealización, la cúspide de la Jerarquía de Necesidades de Maslow. Si bien el concepto de autorrealización es universalmente reconocido, la expresión de la autorrealización y la realización personal puede variar considerablemente entre culturas. Por ejemplo, en ciertas culturas, la autorrealización puede estar profundamente entrelazada con el despertar espiritual o la adhesión a tradiciones ancestrales, mientras que, en otras, puede manifestarse como la búsqueda de pasiones y aspiraciones personales.

Las estructuras e instituciones sociales de las diferentes culturas ofrecen diversas oportunidades y limitaciones para que las personas satisfagan sus necesidades. Las disparidades económicas, los sistemas políticos y las jerarquías sociales inciden directamente en la accesibilidad y la satisfacción de las necesidades básicas. La disponibilidad de recursos, atención médica, educación y oportunidades laborales, entre otros factores, depende en gran medida del contexto cultural, lo que influye en la capacidad de las personas para satisfacer sus necesidades básicas.

10. Perspectivas contemporáneas sobre la jerarquía de Maslow:

Si bien la Jerarquía de Necesidades de Maslow ha contribuido innegablemente a nuestra comprensión de la motivación y el desarrollo humanos, las perspectivas modernas arrojan luz sobre sus limitaciones y matices contextuales. Una prioridad clave en los debates actuales es el reconocimiento de las variaciones individuales y culturales en la priorización de las necesidades. La universalidad de la jerarquía, tal como la presumía Maslow, se enfrenta ahora a críticas en un panorama global cada vez más diverso. Las investigaciones apuntan a la naturaleza adaptativa de las necesidades humanas, que se manifiestan de forma diferente según las influencias socioculturales, económicas y ambientales.

Los psicólogos contemporáneos enfatizan la naturaleza dinámica y no lineal de la satisfacción de las necesidades humanas, alejándose de la progresión lineal propuesta por Maslow. La introducción de nuevas teorías psicológicas, como la teoría de la autodeterminación y la psicología positiva, también ha revitalizado el diálogo en torno al enfoque jerárquico. Estas perspectivas alternativas cuestionan la rigidez del marco de Maslow y abogan por una comprensión más fluida de las necesidades humanas, enfatizando el papel de la motivación intrínseca, el crecimiento personal y la autonomía.

Los avances tecnológicos y la evolución de las estructuras sociales han impulsado una reevaluación de la jerarquía en la era digital. La prevalencia de las comunidades virtuales, las relaciones en línea y el teletrabajo exige una reevaluación de las necesidades de pertenencia social y estima en los espacios virtuales. Esta perspectiva contemporánea demuestra la adaptabilidad y la relevancia de la teoría de Maslow en plena evolución social.

Otra dimensión crucial del discurso contemporáneo gira en torno a la integración de la Jerarquía de Maslow con los marcos holísticos del bienestar. Con un énfasis creciente en la salud mental, la atención plena y los enfoques holísticos del bienestar, los académicos buscan alinear la jerarquía con modelos integrales que abordan las dimensiones emocional, espiritual y existencial de la experiencia humana. Al reconocer la interconexión de diversas necesidades e incorporar elementos de autotrascendencia y una vida con propósito, las perspectivas contemporáneas abogan por una comprensión más inclusiva e integral de las necesidades humanas.

Marco conceptual de la autorrealización

1. Características y criterios:

La autorrealización encarna un profundo sentido de autenticidad y coherencia entre las creencias, valores y acciones internas. Esta coherencia genera una profunda sensación de plenitud y propósito, impulsando a las personas a alcanzar su máximo potencial. Además, las personas autorrealizadas muestran una motivación intrínseca para realizar actividades significativas que reflejen su verdadero Yo. Este impulso surge de una mentalidad interna de evaluación, donde el crecimiento y la realización personal se priorizan sobre las recompensas o la validación externas.

La autorrealización implica un mayor sentido de autonomía e independencia. Las personas autorrealizadas tienden a mostrar un fuerte sentido de autorregulación y autonomía en sus procesos de toma de decisiones. Esta autonomía se complementa con una profunda comprensión de la interconexión entre uno mismo y el mundo en general, cultivando un profundo aprecio por la diversidad de experiencias y perspectivas humanas. Además, las personas autorrealizadas suelen poseer una notable capacidad para la resolución de problemas y el pensamiento crítico, utilizando su creatividad y perspectivas únicas para afrontar los desafíos de la vida.

Además de estas características, se pueden utilizar varios criterios para identificar y evaluar la presencia de autorrealización. Estos criterios incluyen un fuerte sentido de autoconciencia e introspección, una inclinación hacia el crecimiento personal y el desarrollo continuo, la capacidad de forjar relaciones genuinas e íntimas basadas en el respeto mutuo y la empatía, y una inclinación hacia la contemplación filosófica y existencial. La autorrealización también implica un profundo compromiso con los principios éticos y morales, así como la búsqueda de la verdad y la belleza en todos los aspectos de la vida.

2. Autorrealización e identidad personal:

La autorrealización está vinculada a la identidad personal de cada individuo. El proceso de autorrealización implica una profunda exploración y comprensión del Yo interior, los valores, las creencias y las características únicas de cada uno. Profundiza en la esencia de lo que hace a una persona verdaderamente auténtica y plena. A medida que las personas progresan hacia la autorrealización, emprenden un viaje transformador de autodescubrimiento que las lleva a una mayor conciencia de su identidad personal.

La identidad personal abarca los rasgos y cualidades distintivos que definen a cada individuo como una entidad única. Engloba elementos como las aspiraciones, los valores, las pasiones y el sentido de propósito. Al emprender el camino de la autorrealización, las personas se esfuerzan por alinear sus acciones, decisiones y elecciones de vida con su identidad auténtica. Esta alineación fomenta un profundo sentido de congruencia y autenticidad en sus pensamientos, comportamientos y relaciones, lo que en última instancia conduce a una existencia más plena y plena.

La autorrealización implica la realización del verdadero potencial y la expresión auténtica de la propia individualidad. A medida que las personas profundizan en su identidad personal, descubren talentos, fortalezas y capacidades ocultas que contribuyen a su crecimiento y realización personal. Esta comprensión holística de la identidad personal empodera a las personas para emprender proyectos que resuenen con su ser más profundo, lo que les genera un mayor sentido de propósito y satisfacción.

El proceso de autorrealización impulsa a las personas a confrontar las expectativas sociales y las influencias externas que pueden impedir la expresión auténtica de su identidad personal. Este viaje introspectivo les permite discernir entre el condicionamiento social y sus deseos genuinos, permitiéndoles así construir una vida más auténtica y significativa basada en su identidad personal.

En esencia, la búsqueda de la autorrealización se entrelaza a la perfección con el desarrollo y el perfeccionamiento de la identidad personal. A medida que las personas profundizan en las dimensiones del autodescubrimiento, abrazando sus atributos únicos y alineando sus vidas con sus identidades auténticas, descubren un camino transformador hacia el crecimiento holístico, la plenitud y la autoexpresión genuina.

3. Motivación intrínseca y aspiraciones:

La motivación intrínseca, en relación con la autorrealización, abarca el deseo innato de participar en actividades por la satisfacción y plenitud inherentes que proporcionan. Este concepto contrasta con la motivación extrínseca, que implica la búsqueda de objetivos para obtener recompensas o validación externa. Las personas impulsadas por la motivación intrínseca se sienten atraídas por tareas que se alinean con sus valores, intereses y un auténtico propósito, en lugar de buscar únicamente elogios externos o ganancias materiales.

En el centro de la motivación intrínseca reside una profunda conexión con las aspiraciones y los deseos internos. Se alimenta de un auténtico impulso por explorar, aprender, crear y crecer, a menudo trascendiendo los límites de las expectativas externas o las normas sociales. Este tipo de motivación está estrechamente ligada a la búsqueda de la autorrealización, ya que las personas que buscan la realización personal tienden a guiarse más por incentivos internos que por presiones externas.

Un aspecto clave de la motivación intrínseca es su profundo impacto en el compromiso sostenido y la perseverancia. Cuando las personas están motivadas intrínsecamente, muestran mayores niveles de resiliencia, creatividad e innovación en sus actividades. La autonomía y el sentido de iniciativa asociados a la motivación intrínseca empoderan a las personas para afrontar los desafíos con una mentalidad de crecimiento, considerando los contratiempos como oportunidades de aprendizaje y desarrollo, en lugar de obstáculos insuperables.

La motivación intrínseca fomenta un profundo sentido de autenticidad y congruencia en las personas. Al alinear sus acciones con sus valores y aspiraciones más profundos, las personas autorrealizadas experimentan una mayor coherencia entre su entorno interior y sus expresiones externas. Esta armonía no solo enriquece sus experiencias personales, sino que también potencia sus contribuciones a la comunidad y a la sociedad en general.

Es fundamental reconocer que la motivación intrínseca opera en un espectro multifacético, abarcando diversas fuentes de inspiración y aspiraciones. Ya sea que se manifieste como la búsqueda de la maestría en un área específica, la sed de conocimiento y comprensión, o el anhelo de realizar contribuciones significativas, la motivación intrínseca permea diversas facetas del quehacer humano. Al reconocer y cultivar estos impulsos intrínsecos, las personas pueden cultivar un profundo sentido de propósito y satisfacción, fomentando un compromiso duradero con el desarrollo de su máximo potencial.

4. Barreras para la autorrealización:

La autorrealización, según Maslow, es un profundo viaje hacia la realización personal y el logro de su máximo potencial. Sin embargo, a lo largo de esta odisea transformadora, las personas se enfrentan a diversas barreras que impiden su progreso hacia la autorrealización. Estas barreras pueden manifestarse en dimensiones psicológicas, sociales y ambientales, planteando desafíos significativos. Una barrera predominante es la lucha por superar la inseguridad y el miedo al fracaso, que impiden a las personas perseguir sus pasiones y asumir los riesgos necesarios. Además, las presiones sociales y las normas culturales suelen imponer expectativas rígidas, limitando su capacidad para expresarse auténticamente y explorar caminos no convencionales. La prevalencia del materialismo y el consumismo en la sociedad moderna también puede desviar la atención de los valores intrínsecos y el crecimiento personal, lo que lleva a una búsqueda constante de la validación externa y el éxito material. Asimismo, los traumas emocionales y psicológicos de experiencias pasadas pueden crear bloqueos psicológicos, obstaculizando la capacidad de una persona para abrazar el crecimiento personal y el autodescubrimiento. La falta de apoyo o comprensión del círculo social inmediato, incluyendo familiares y compañeros, puede generar una sensación de aislamiento y obstaculizar la búsqueda de la autorrealización. Además, las distracciones omnipresentes de la era digital, como las redes sociales y la conectividad constante, dificultan el mantenimiento de la soledad reflexiva y la introspección.

5. El papel de la creatividad y la independencia:

La creatividad y la independencia son fuerzas impulsoras del crecimiento y la realización personal. A medida que las personas se esfuerzan por alcanzar su máximo potencial, la exploración y la expresión de la creatividad se convierten en componentes fundamentales de su camino. Al abrazar las actividades creativas, las personas pueden conectar con sus pensamientos, emociones e instintos más profundos, lo que les lleva a una comprensión más profunda de sí mismas y de su lugar en el mundo.

La independencia es fundamental para la autorrealización. Permite a las personas tomar decisiones autónomas, perseguir sus pasiones y trazar su propio rumbo en la vida. La capacidad de pensar y actuar con independencia fomenta un sentido de propósito y autenticidad, permitiendo alinear sus acciones con sus verdaderos deseos en lugar de con las expectativas externas.

En el contexto de la autorrealización, la creatividad actúa como catalizador de la autoexpresión y la innovación. A través de iniciativas creativas como el arte, la música, la escritura o la resolución de problemas, las personas canalizan sus perspectivas y percepciones únicas en formas tangibles que conectan con los demás y contribuyen a su crecimiento personal. La creatividad fomenta la curiosidad y el asombro, animando a las personas a explorar nuevas posibilidades y a trascender las limitaciones convencionales.

De igual manera, la independencia libera a las personas de las limitaciones del conformismo y la dependencia. Les permite cultivar un fuerte sentido de autosuficiencia y autonomía, fomentando el desarrollo del pensamiento crítico y la ingeniosidad. Al ejercer su independencia, las personas abrazan su individualidad y aprenden a gestionar las complejidades de la vida a su manera, fomentando la resiliencia y la adaptabilidad.

La integración de la creatividad y la independencia facilita la búsqueda de experiencias auténticas y conexiones significativas. Permite a las personas interactuar con el mundo de una manera coherente con sus valores y aspiraciones, fomentando un profundo sentido de propósito y plenitud. A través de la creatividad y la independencia, las personas pueden cultivar un rico entramado de experiencias que reflejan sus identidades únicas y sus contribuciones al mundo.

6. Influencias culturales y sociales en la autorrealización:

El concepto de autorrealización no solo se ve influenciado por las experiencias y aspiraciones individuales, sino también por las influencias culturales y sociales. Los valores, las normas y las expectativas culturales desempeñan un papel fundamental en la percepción que cada individuo tiene del crecimiento y la realización personal. Comprender la interacción entre la cultura y la autorrealización es crucial para apreciar los diversos caminos que cada persona puede tomar en su camino hacia el desarrollo de su máximo potencial.

La diversidad cultural presenta un rico entramado de creencias, tradiciones y costumbres, cada una de las cuales contribuye a las diversas interpretaciones y manifestaciones de la autorrealización. En algunas culturas, el colectivismo puede enfatizar la importancia de las relaciones armoniosas y el bienestar comunitario como componentes esenciales de la autorrealización, mientras que en sociedades más individualistas, la autonomía y los logros personales pueden tener mayor relevancia en la búsqueda de la autorrealización. Estos paradigmas contrastantes ilustran el profundo impacto del contexto cultural en la configuración de las motivaciones y objetivos individuales.

Las estructuras y oportunidades sociales pueden facilitar o dificultar el proceso de autorrealización. El acceso a la educación, los recursos económicos y los sistemas de apoyo social pueden influir profundamente en la capacidad de una persona para perseguir sus pasiones y maximizar su potencial. Las desigualdades en el acceso a estos recursos pueden crear barreras significativas para la autorrealización en las comunidades marginadas, lo que pone de relieve la interseccionalidad de los factores sociales en la búsqueda de la realización personal.

Las narrativas y representaciones culturales a menudo moldean la percepción individual de lo que constituye una vida plena. Los medios de comunicación, la literatura y el legado histórico infunden en las personas una comprensión colectiva del éxito, la felicidad y la autorrealización, influyendo así en sus marcos aspiracionales. Examinar estas narrativas culturales y desafiar los estereotipos restrictivos es vital para promover la inclusión y empoderar a personas de diversos orígenes para que exploren caminos únicos hacia la autorrealización.

Salud psicológica

1. Definiciones y perspectivas:

La salud psicológica abarca el equilibrio de los aspectos emocionales, cognitivos y conductuales que influyen significativamente en el bienestar general. En esencia, la salud psicológica implica la capacidad de afrontar los desafíos de la vida, adaptarse a los factores estresantes y mantener la coherencia ante la adversidad. Este concepto fundamental subraya la importancia de comprender la interacción entre pensamientos, emociones y comportamientos para fomentar la resiliencia y promover el desarrollo personal.

Al examinar las definiciones y perspectivas en torno a la salud psicológica, es fundamental reconocer la diversidad del discurso académico sobre este tema. Diversas teorías psicológicas, como el modelo biopsicosocial y la psicología positiva, ofrecen valiosas perspectivas sobre la naturaleza multifacética de la salud psicológica. Desde una perspectiva holística, la salud psicológica no se limita a la ausencia de enfermedades mentales, sino a la presencia de atributos positivos como la inteligencia emocional, la autoeficacia y el sentido de propósito. Estos atributos constituyen los pilares del bienestar psicológico de una persona y contribuyen a su capacidad de autorrealización.

El marco contextual del bienestar psicológico ha evolucionado con el tiempo, moldeado por influencias culturales, históricas y sociales. La perspectiva histórica nos permite rastrear los paradigmas cambiantes de la salud mental y el bienestar. Desde las antiguas reflexiones filosóficas hasta la investigación empírica moderna, el concepto de salud psicológica ha experimentado transformaciones significativas, reflejando la evolución de las normas sociales, los valores y los avances científicos.

Al considerar las complejidades de la salud psicológica, es fundamental reconocer la naturaleza subjetiva del bienestar mental. Las percepciones y experiencias de cada individuo sobre la salud psicológica están profundamente influenciadas por sus antecedentes culturales, sistemas de creencias y entornos sociales únicos. Este aspecto subjetivo subraya la necesidad de un enfoque integral e inclusivo para definir y evaluar la salud psicológica, considerando diversas perspectivas y experiencias vividas.

2. Contexto histórico del bienestar psicológico:

Desde las antiguas reflexiones filosóficas hasta los estudios empíricos modernos, la comprensión del bienestar psicológico ha experimentado transformaciones significativas. Sus raíces se remontan a las antiguas filosofías orientales, donde el concepto de armonía y equilibrio mental estaba arraigado en prácticas como la meditación y la atención plena. De igual manera, en los inicios de la civilización occidental, filósofos como los griegos reflexionaron sobre la naturaleza de las emociones y los pensamientos humanos, sentando las bases para la indagación introspectiva sobre la salud psicológica. Durante la época medieval, la comprensión de la salud mental se entrelazó con las creencias religiosas, lo que a menudo generó conceptos erróneos y estigmatización de las personas que enfrentaban desafíos psicológicos. El Renacimiento trajo consigo un resurgimiento del interés por la mente humana y sus complejidades, allanando el camino para el nacimiento de las primeras teorías psicológicas. Los siglos XIX y XX presenciaron un cambio de paradigma en el estudio de la psicología, que marcó el surgimiento de pioneros como Sigmund Freud y Carl Jung, cuyas perspectivas psicoanalíticas profundizaron en las esferas inconscientes de la psique humana. Las décadas posteriores presenciaron un auge en la investigación, la innovación terapéutica y la defensa de los derechos en materia de salud mental, culminando en el establecimiento del bienestar psicológico como un componente vital de la salud holística. Hoy en día, la trayectoria histórica del bienestar psicológico sirve como testimonio de la resiliencia del espíritu humano en la búsqueda de comprensión y apoyo para el desarrollo mental.

3. La interrelación entre la salud mental y la autorrealización:

La autorrealización representa la realización del máximo potencial de una persona, abarcando no solo la satisfacción de las necesidades básicas, sino también un profundo sentido de crecimiento y propósito personal. Este concepto se alinea estrechamente con los principios de la salud psicológica, en lo que respecta al funcionamiento cognitivo, emocional y social del individuo. Comprender la conexión entre estos dos constructos es fundamental para comprender los factores que contribuyen al bienestar general. En el marco de la teoría de la autorrealización, se hace evidente que las personas que se esfuerzan por alcanzar su máximo potencial suelen mostrar una mayor resiliencia ante la adversidad, lo que se traduce en mejores resultados en materia de salud mental. Por el contrario, las personas que experimentan angustia psicológica pueden ver obstaculizado su camino hacia la autorrealización por los desafíos que enfrentan. Reconocer esta relación recíproca permite un enfoque más integral para abordar los problemas de salud mental, integrando la búsqueda de la autorrealización como medio para fomentar un bienestar psicológico duradero. Además, la búsqueda de la autorrealización implica inherentemente el desarrollo de atributos psicológicos positivos, como la autonomía, la empatía y la creatividad, que se sabe que contribuyen significativamente a la salud mental. Esta interconexión subraya la necesidad de intervenciones que no solo aborden el alivio de los síntomas psicológicos, sino que también faciliten el crecimiento personal y el autodescubrimiento. Al reconocer y fomentar la interdependencia entre la salud mental y la autorrealización, tanto las personas como los profesionales pueden desarrollar un enfoque más matizado y eficaz para promover el bienestar duradero. Aceptar esta interrelación ofrece vías prometedoras para el avance de las prácticas terapéuticas, los programas educativos y las iniciativas sociales destinadas a mejorar el desarrollo psicológico de las personas en diversos contextos.

4. Factores que contribuyen a la estabilidad psicológica:

La estabilidad psicológica es la culminación de numerosos factores que, en conjunto, configuran el bienestar mental de una persona. La interacción entre elementos biológicos, psicológicos y ambientales influye profundamente en el equilibrio psicológico. Biológicamente, las predisposiciones genéticas, la neuroquímica y el funcionamiento del sistema nervioso central desempeñan un papel fundamental en la determinación de la susceptibilidad de una persona a los problemas de salud mental. Además, factores psicológicos como los patrones cognitivos, la regulación emocional, los mecanismos de afrontamiento y la autopercepción contribuyen significativamente a la estabilidad psicológica general de una persona. En cuanto al entorno, las redes de apoyo social, las influencias culturales, el nivel socioeconómico y la exposición a traumas o factores estresantes pueden reforzar o erosionar la resiliencia psicológica de una persona. Asimismo, las elecciones de estilo de vida que abarcan la dieta, la actividad física y el consumo de sustancias ejercen un profundo impacto en la salud mental. La capacidad de una persona para gestionar y armonizar estas múltiples dimensiones refleja su capacidad para la estabilidad psicológica.

5. Medidas y evaluaciones de la salud psicológica:

Se utilizan diversos instrumentos cuantitativos y cualitativos para evaluar diferentes aspectos de la salud psicológica, como la estabilidad emocional, el funcionamiento cognitivo, las interacciones sociales y el bienestar mental general. Las medidas cuantitativas suelen incluir pruebas estandarizadas, cuestionarios y entrevistas estructuradas diseñadas para captar facetas específicas de la salud psicológica. Estos instrumentos proporcionan datos numéricos que pueden analizarse para realizar inferencias y comparaciones estadísticas. Las evaluaciones cualitativas, por otro lado, se centran en las experiencias y percepciones subjetivas, profundizando en la narrativa personal y el panorama emocional del individuo. Ofrecen información valiosa sobre la compleja naturaleza de la salud psicológica, yendo más allá de los meros datos estadísticos. En la psicología contemporánea, se hace cada vez más hincapié en la adopción de un enfoque integral y holístico para evaluar la salud psicológica. Esto implica considerar diversas dimensiones como la inteligencia emocional, la resiliencia, las relaciones interpersonales y las estrategias de afrontamiento. Investigadores y profesionales han desarrollado herramientas de evaluación multidimensional que abarcan tanto los aspectos positivos como los desafiantes del bienestar mental. Además, la sensibilidad y la diversidad cultural son consideraciones fundamentales en el desarrollo y la aplicación de estas medidas, reconociendo las variaciones en las expresiones y experiencias de la salud psicológica en diferentes poblaciones. El proceso de evaluación de la salud psicológica también abarca la identificación de factores de riesgo e indicadores tempranos de trastornos de salud mental. Esta postura proactiva busca prevenir o intervenir ante posibles desafíos psicológicos antes de que se agraven. Además, los estudios longitudinales y las evaluaciones repetidas contribuyen a comprender la naturaleza dinámica de la salud psicológica y el impacto de diversos eventos vitales e intervenciones a lo largo del tiempo. Es importante destacar que la evaluación de la salud psicológica siempre debe realizarse con consideraciones éticas y respeto por la autonomía y la confidencialidad individual. Asimismo, la interpretación de los resultados de la evaluación requiere experiencia y una comprensión integral de los constructos psicológicos para evitar interpretaciones y diagnósticos erróneos. Cuando se utilizan adecuadamente, las medidas y evaluaciones sirven como herramientas valiosas para promover el bienestar psicológico, fundamentar la toma de decisiones clínicas y guiar intervenciones adaptadas a las necesidades individuales.

6. Influencia de los elementos ambientales y sociales en la salud mental:

La influencia de los elementos ambientales y sociales en la salud mental es un tema complejo y multifacético que requiere una comprensión integral de los diversos factores que intervienen. Los factores ambientales abarcan una amplia gama de elementos, como el entorno físico, las condiciones de vida y la exposición a contaminantes o toxinas. La calidad del entorno puede afectar significativamente el bienestar mental, ya que las personas que viven en barrios socioeconómicamente desfavorecidos pueden experimentar mayores niveles de estrés y un menor acceso a recursos que promueven la salud psicológica.

Los determinantes sociales también desempeñan un papel fundamental en la salud mental. Las redes de apoyo social, las relaciones familiares y los vínculos comunitarios contribuyen a la resiliencia emocional y al bienestar psicológico general de una persona. Las conexiones sociales sólidas y el sentido de pertenencia se asocian con tasas más bajas de depresión y ansiedad, lo que pone de relieve el profundo impacto de los factores sociales en la salud mental.

Las actitudes sociales y las normas culturales pueden ejercer una influencia considerable en la salud mental. La estigmatización de las enfermedades mentales, la discriminación y la falta de aceptación en una comunidad pueden exacerbar el malestar psicológico e impedir que las personas busquen ayuda. Por el contrario, las actitudes sociales positivas, los entornos inclusivos y las comunidades de apoyo pueden fomentar un ambiente propicio para la salud mental.

Además, la relación entre los determinantes ambientales y sociales y la salud mental es bidireccional, ya que esta también puede influir en la forma en que las personas perciben e interactúan con su entorno. Por ejemplo, las personas con problemas de salud mental pueden tener dificultades para participar en actividades sociales, participar en eventos comunitarios o mantener hábitos de vida saludables, lo que, a su vez, puede afectar su bienestar general.

Comprender la interacción entre los elementos ambientales y sociales y la salud mental es esencial para desarrollar intervenciones y sistemas de apoyo eficaces. Al reconocer la importancia de estas influencias, los responsables políticos, los profesionales de la salud y los líderes comunitarios pueden colaborar para crear entornos que promuevan el bienestar mental y aborden las barreras sociales que afectan la salud psicológica. Además, fomentar una comprensión más profunda de estas dinámicas puede empoderar a las personas para promover cambios sistémicos y cultivar redes de apoyo que mejoren sus resultados en materia de salud mental, tanto para sí mismos como para los demás.

7. Desafíos y barreras comunes para lograr el bienestar psicológico:

Lograr el bienestar psicológico es un proceso complejo y continuo que a menudo se ve obstaculizado por diversos desafíos y barreras. Uno de los obstáculos más frecuentes es el estigma que rodea a los problemas de salud mental, que puede disuadir a las personas de buscar apoyo y tratamiento. Además, el acceso limitado a los servicios de salud mental, especialmente en comunidades marginadas, supone una barrera importante para lograr el bienestar psicológico. Las normas culturales y sociales, así como las desigualdades sistémicas, pueden contribuir a la falta de recursos y apoyo para quienes lo necesitan. Asimismo, la omnipresencia de factores estresantes en la sociedad moderna, como las presiones laborales, las dificultades económicas y el aislamiento social, puede afectar significativamente la salud mental de una persona y crear barreras para lograr el bienestar psicológico. Asimismo, las personas pueden encontrarse con barreras internas, como patrones de pensamiento negativos, creencias limitantes y traumas emocionales, que pueden impedir su progreso hacia el bienestar psicológico. Los mecanismos de afrontamiento poco saludables, como el abuso de sustancias o las conductas de evitación, también pueden obstaculizar el logro de resultados positivos en materia de salud mental. Abordar estos desafíos requiere un enfoque multifacético que incluya iniciativas de desestigmatización, un mejor acceso a recursos de salud mental y el desarrollo de estrategias de afrontamiento más saludables. También requiere un cambio fundamental en la actitud social hacia la salud mental, fomentando entornos de apoyo que prioricen el bienestar emocional y la resiliencia. Derribar estas barreras es esencial para promover la salud psicológica integral y crear una sociedad más inclusiva y empática.

8. Estrategias terapéuticas y preventivas para la resiliencia emocional:

La resiliencia emocional es la capacidad de adaptarse y recuperarse de situaciones estresantes. Intervenciones terapéuticas como la terapia cognitivo-conductual (TCC), la reducción del estrés basada en la atención plena (REBAP) y la terapia dialéctica conductual (TDC) han demostrado su eficacia para promover la regulación emocional y el manejo del estrés. Estos enfoques basados en la evidencia brindan a las personas herramientas prácticas para reconocer y replantear patrones de pensamiento negativos, cultivar la atención plena y desarrollar mecanismos de afrontamiento para afrontar los desafíos de la vida.

Las estrategias preventivas desempeñan un papel crucial en el fomento de la resiliencia emocional. Al centrarse en construir una sólida red de apoyo, realizar actividad física con regularidad, practicar el autocuidado y fomentar un sentido de propósito, las personas pueden fortalecer su bienestar emocional. La incorporación de principios de psicología positiva y enfoques basados en fortalezas también empodera a las personas para aprovechar sus recursos inherentes y cultivar el optimismo, la gratitud y la resiliencia.

La psicoeducación sobre el manejo del estrés, la regulación emocional y la comunicación asertiva proporciona a las personas los conocimientos y las habilidades necesarios para gestionar las relaciones interpersonales y afrontar las circunstancias adversas con eficacia. Además, fomentar la inteligencia emocional mediante la autoconciencia, la autorregulación, la empatía y las habilidades sociales sienta las bases para una mayor resiliencia emocional.

Abordar el bienestar holístico de las personas mediante un enfoque integral que integre las dimensiones físicas, emocionales y sociales es fundamental para promover la resiliencia emocional. Comprender la relación simbiótica entre la salud mental y física es fundamental para formular estrategias eficaces. Fomentar un estilo de vida saludable, una nutrición equilibrada y un sueño adecuado contribuye al bienestar emocional general y mejora la capacidad de afrontar los factores estresantes.

La distinción entre deficiencia y necesidades de crecimiento

1. Introducción a las necesidades de deficiencia y crecimiento:

El marco conceptual que distingue las necesidades de deficiencia de las necesidades de crecimiento representa un pilar fundamental en la psicología y las teorías del desarrollo humano. Basado en perspectivas históricas y fundamentos teóricos, este paradigma ha aportado información invaluable sobre la interacción dinámica entre las motivaciones individuales y la búsqueda de la plenitud. Las necesidades de deficiencia se asocian intrínsecamente con condiciones de falta de satisfacción o con la falta de requisitos esenciales para el bienestar, como las necesidades fisiológicas, la seguridad, el amor y la estima. Estas necesidades emanan de una sensación de privación e insuficiencia, lo que impulsa a las personas a buscar gratificación y seguridad. En contraste, las necesidades de crecimiento abarcan aspiraciones superiores y la búsqueda de la autorrealización, haciendo hincapié en el desarrollo personal, la creatividad, la resolución de problemas y la trascendencia. Dado que estas necesidades impulsan la búsqueda intrínseca del individuo por la mejora continua y la realización del potencial, están profundamente entrelazadas con las dimensiones cognitivas, emocionales y espirituales. Comprender estas distintas categorías de necesidades es fundamental para comprender las complejidades del comportamiento humano, la motivación y el bienestar psicológico general. Esta dicotomía entre necesidades de deficiencia y de crecimiento sirve como marco esencial para explorar la naturaleza multifacética de los deseos y el esfuerzo humanos, destacando el equilibrio entre los instintos básicos de supervivencia y las aspiraciones. También facilita un análisis matizado de la progresión evolutiva y las funciones adaptativas asociadas a estas diversas necesidades, arrojando luz sobre la interacción entre las influencias externas y las motivaciones internas.

2. Contexto histórico y antecedentes teóricos:

La exploración de las necesidades humanas se remonta a antiguas tradiciones filosóficas y religiosas, donde los académicos reflexionaban sobre las motivaciones fundamentales que impulsan el comportamiento humano. Sin embargo, no fue hasta el surgimiento de la psicología como disciplina científica diferenciada a finales del siglo XIX que comenzaron las investigaciones sistemáticas sobre las necesidades humanas. Figuras influyentes tempranas como William James, Sigmund Freud y John Dewey sentaron las bases para comprender las complejidades de la motivación y el deseo humanos, allanando el camino para futuras investigaciones sobre la dicotomía de las necesidades de deficiencia y crecimiento. El trasfondo teórico de las necesidades de deficiencia y crecimiento está profundamente arraigado en las obras de Abraham Maslow y su reconocida teoría de la jerarquía de necesidades. El marco conceptual de Maslow proporcionó una desviación seminal de los modelos tradicionales centrados en el déficit al introducir el concepto de autorrealización como la cúspide del desarrollo humano. Este cambio subrayó la importancia de los motivos orientados al crecimiento para complementar y trascender las necesidades basadas en la deficiencia. Además, la influencia de la filosofía existencialista, en particular los escritos de Viktor Frankl, contribuyó a la evolución de las teorías de las necesidades, enfatizando la importancia de encontrar significado y propósito como elemento central para la realización humana. A lo largo de la historia, diversos factores culturales y sociales han influido en la articulación y priorización de las necesidades humanas, reflejando la interacción dinámica entre los valores individuales y colectivos. Desde la exploración de las filosofías orientales hasta la integración de las perspectivas indígenas, el contexto histórico de las teorías de las necesidades revela un entramado de diversas influencias e interpretaciones que continúan moldeando la comprensión contemporánea de la motivación humana. A medida que el campo de la psicología evolucionó, las perspectivas interdisciplinarias de la sociología, la antropología y la economía enriquecieron aún más la base teórica de las necesidades humanas, reconociendo la interconexión de las aspiraciones individuales con estructuras sistémicas más amplias.

3. Necesidades de deficiencia - Características e impacto:

Las necesidades de deficiencia, postuladas por Abraham Maslow, abarcan los requisitos fundamentales para el bienestar físico y psicológico, constituyendo la base de la jerarquía de necesidades. Comprender la naturaleza de las necesidades de deficiencia es fundamental para comprender el comportamiento humano y fomentar el crecimiento y la realización personal.

Las características de las necesidades de deficiencia se basan en la privación y la insuficiencia, abarcando requisitos fisiológicos y de seguridad básicos. Estas necesidades incluyen lo esencial para la supervivencia, como alimento, agua, refugio y seguridad física, así como el anhelo de estabilidad, seguridad y previsibilidad. A menudo, las personas se ven impulsadas predominantemente por el afán de satisfacer estas necesidades de deficiencia, lo que lleva a una preocupación por asegurar su satisfacción antes de progresar hacia aspiraciones de mayor nivel. El impacto de las necesidades de deficiencia insatisfechas puede manifestarse de diversas maneras, desde un aumento del estrés, la ansiedad y la inseguridad hasta el desarrollo de mecanismos de afrontamiento desadaptativos y un enfoque cognitivo limitado en la autoconservación. Además, la persistencia de necesidades de deficiencia insatisfechas puede generar un ciclo de insatisfacción y obstaculizar el crecimiento personal, impidiendo la realización del propio potencial y la autorrealización.

Reconocer la interacción entre las necesidades de deficiencia y el bienestar psicológico de una persona es fundamental en diversos contextos, como entornos educativos, entornos organizacionales e intervenciones terapéuticas. Al reconocer la influencia generalizada de las necesidades de deficiencia, educadores, líderes y profesionales de la salud mental pueden adaptar sus enfoques para abordar estos requisitos fundamentales, fomentando así un entorno propicio para el desarrollo holístico. Además, ser consciente del impacto de las necesidades de deficiencia insatisfechas en la cognición, las emociones y el comportamiento permite la formulación de intervenciones específicas para aliviar el malestar y fomentar la resiliencia.

4. Necesidades de crecimiento - Características y evolución:

Las necesidades de crecimiento abarcan el deseo innato de realización personal y autorrealización. A diferencia de las necesidades de deficiencia, que se centran principalmente en la ausencia de algo vital, las necesidades de crecimiento giran en torno a la búsqueda continua de progreso y logros que van más allá de la mera supervivencia. Desde una perspectiva psicológica, las necesidades de crecimiento se basan en la aspiración al crecimiento personal, la realización del potencial y la realización de las propias capacidades más allá de los requisitos básicos para la existencia. La evolución de las necesidades de crecimiento se puede rastrear a lo largo de las diversas etapas de la vida humana, desde el desarrollo infantil hasta la complejidad de las aspiraciones adultas. A medida que las personas atraviesan las diferentes etapas de la vida, sus necesidades de crecimiento experimentan una transformación dinámica influenciada por la maduración interna y las circunstancias externas. Además, la interacción de los valores sociales, las normas culturales y los factores ambientales influye significativamente en la conceptualización y la priorización de las necesidades de crecimiento en diversas poblaciones de todo el mundo. Es fundamental reconocer que las características de las necesidades de crecimiento son multifacéticas y abarcan dimensiones emocionales, cognitivas y existenciales. Estas necesidades implican la búsqueda de conocimiento, la creatividad, la autonomía y el establecimiento de conexiones significativas con los demás, lo que refleja las aspiraciones fundamentales que impulsan el desarrollo humano. Además, la evolución de las necesidades de crecimiento está vinculada al concepto de autorrealización, donde los individuos se esfuerzan por alcanzar su máximo potencial y participar en actividades que se alinean con su identidad y propósito únicos.

5. Implicaciones psicológicas de la satisfacción en todo el espectro:

La plenitud, como estado psicológico, está entrelazada con la satisfacción de las necesidades de deficiencia y de crecimiento. La satisfacción de las necesidades de deficiencia suele generar una sensación de seguridad, estabilidad y satisfacción básica. Esta satisfacción sirve de base para que las personas comiencen a buscar activamente sus necesidades de crecimiento. La búsqueda y satisfacción de las necesidades de crecimiento se asocian con mayores niveles de motivación intrínseca y crecimiento personal, lo que genera una mayor sensación de autonomía, competencia y conexión. Estas implicaciones psicológicas positivas pueden manifestarse además en un mayor bienestar, autoestima y satisfacción vital general. Sin embargo, una orientación centrada en la deficiencia que descuida la búsqueda de las necesidades de crecimiento puede generar sentimientos de estancamiento, complacencia y falta de propósito. Esta dicotomía en la satisfacción de las necesidades tiene profundas implicaciones para el estado psicológico y la satisfacción general del individuo. Es fundamental reconocer que la transición de la orientación hacia la deficiencia a la orientación hacia el crecimiento implica un cambio fundamental de mentalidad y comportamiento. Este cambio a menudo requiere que las personas rompan con su zona de confort, cuestionen creencias limitantes y aprovechen las oportunidades para vivir experiencias transformadoras. Psicológicamente, las personas que gestionan con éxito esta transición muestran una mayor apertura a nuevas experiencias, una mayor resiliencia y un sentido de propósito más profundo. Por el contrario, quienes tienen dificultades para realizar esta transición pueden experimentar conflicto interno, ansiedad y una sensación generalizada de insatisfacción. Desde una perspectiva clínica, comprender la interacción entre la deficiencia y las necesidades de crecimiento es fundamental para fomentar el desarrollo psicológico holístico. Las intervenciones y terapias de salud mental que se centran únicamente en corregir las necesidades de deficiencia sin abordar las aspiraciones orientadas al crecimiento pueden resultar insuficientes para promover el bienestar y la plenitud duraderos. Por lo tanto, los profesionales del campo deben adoptar un enfoque integral que fomente la satisfacción tanto de la deficiencia como de las necesidades de crecimiento. Además, fomentar entornos que apoyen la búsqueda de las necesidades de crecimiento, como las oportunidades para la creatividad, el desarrollo personal y las conexiones sociales significativas, puede contribuir significativamente al bienestar psicológico de las personas.

6. La transición de la orientación hacia la deficiencia a la orientación hacia el crecimiento:

En la exploración de las necesidades humanas, la transición de la orientación hacia la deficiencia a la orientación hacia el crecimiento implica un cambio fundamental de enfoque: de la corrección de deficiencias a la búsqueda de la autorrealización y el crecimiento personal. En esencia, esta transición depende de una realineación cognitiva interna y una reorientación de prioridades. Las personas que se han centrado principalmente en satisfacer necesidades de deficiencia, como la seguridad, la pertenencia y la autoestima, comienzan a canalizar sus energías hacia actividades que implican la autoexpresión, la creatividad y el desarrollo personal. Este marcado cambio refleja no solo un cambio de prioridades, sino también una transformación más profunda en la perspectiva de la vida y el significado de la plenitud.

La transición de la deficiencia a la orientación al crecimiento está vinculada a la satisfacción de las necesidades básicas. A medida que las personas satisfacen sus necesidades de deficiencia, ascienden a etapas superiores de satisfacción de necesidades, culminando finalmente en la búsqueda de la autorrealización. Esta transición no es una mera progresión lineal, sino un proceso dinámico influenciado por factores ambientales, experiencias personales y motivaciones intrínsecas.

El entorno social y cultural también desempeña un papel fundamental en esta transición. Los valores, las normas y las expectativas sociales pueden facilitar o dificultar la transición de una persona a una mentalidad orientada al crecimiento. Además, la disponibilidad de recursos y oportunidades en el entorno influye significativamente en la facilidad con la que se produce esta transición.

Es fundamental reconocer que la transición de la deficiencia a la orientación al crecimiento no está exenta de desafíos. Las personas pueden enfrentar conflictos internos, resistencia al cambio y temores a la hora de adoptar un nuevo sistema de valores y un nuevo estilo de vida. Esta lucha interna subraya la complejidad de esta transición y la necesidad de apoyo social, orientación y comprensión psicológica para gestionar con éxito esta fase transformadora.

7. Influencias sociales y ambientales en la progresión de las necesidades:

Factores sociales, como las normas culturales, las estructuras sociales y los sistemas económicos, influyen significativamente en la comprensión que un individuo tiene de sus necesidades y en las estrategias que utiliza para satisfacerlas. Por ejemplo, en las sociedades colectivistas, el énfasis puede estar puesto en la satisfacción de las necesidades comunitarias, mientras que las culturas individualistas pueden priorizar el crecimiento personal y la autorrealización. Además, las disparidades sociales en el acceso a recursos y oportunidades pueden afectar la capacidad de un individuo para progresar hacia la satisfacción de sus necesidades de crecimiento.

Las influencias ambientales también tienen un profundo impacto en la evolución de las necesidades. Los factores ambientales abarcan el entorno físico, los entornos construidos y la naturaleza. La disponibilidad de espacios verdes, el acceso a la educación y la exposición a diversas experiencias pueden moldear la trayectoria de crecimiento de una persona. Asimismo, los factores socioeconómicos inherentes al entorno, como la desigualdad de ingresos y la urbanización, pueden facilitar o dificultar la satisfacción de las necesidades de crecimiento. Asimismo, los avances tecnológicos y la globalización han redefinido los parámetros de la satisfacción de las necesidades, introduciendo nuevas complejidades y oportunidades que afectan la forma en que las personas gestionan su camino hacia la autorrealización.

Comprender estas influencias contextuales es crucial para profesionales y legisladores que buscan apoyar a las personas en su búsqueda de un desarrollo holístico. Al reconocer el impacto de los factores sociales y ambientales en la progresión de las necesidades, las intervenciones y políticas pueden adaptarse para abordar los desafíos y oportunidades específicos presentes en diferentes contextos culturales y ambientales. Además, fomentar la conciencia de estas influencias puede empoderar a las personas para evaluar críticamente su entorno y adaptarse a él, facilitando en última instancia un enfoque más informado y equilibrado para la satisfacción de sus necesidades. A medida que profundizamos en la interacción entre las influencias sociales y ambientales, se hace evidente que una comprensión integral de estas dinámicas es esencial para avanzar en el discurso sobre las necesidades humanas y promover el bienestar colectivo.

El papel de las experiencias cumbre en el desarrollo humano

1. Perspectivas históricas y definiciones:

La historia de la humanidad está llena de ejemplos de experiencias profundas que han cautivado a individuos y sociedades a lo largo del tiempo. El concepto de experiencias cumbre se remonta a antiguos escritos filosóficos y espirituales, donde sabios y pensadores describieron momentos de introspección trascendental y mayor consciencia. Estas perspectivas históricas sentaron las bases de nuestra comprensión contemporánea de las experiencias cumbre. El término «experiencia cumbre» fue popularizado por Abraham Maslow en su obra «Hacia una psicología del ser», publicada en 1962. Maslow definió las experiencias cumbre como momentos de intensa alegría, serenidad y asombro, acompañados de una sensación de unidad y significado en la vida. Estas experiencias, según Maslow, tienen el potencial de transformar la percepción individual de la realidad y elevar su bienestar psicológico. La evolución del concepto de experiencias cumbre incorpora diversas influencias culturales y religiosas, incluyendo las tradiciones místicas de diversas civilizaciones y los escritos de notables filósofos y poetas. A lo largo de la historia, académicos, místicos y artistas han articulado sus encuentros con estados extraordinarios de conciencia, a menudo caracterizados por sentimientos de interconexión con el universo y profundas revelaciones sobre la existencia. La interpretación de las experiencias cumbre ha evolucionado a través de diferentes escuelas filosóficas y psicológicas, contribuyendo a la comprensión multidimensional de estos fenómenos.

2. Características de las experiencias cumbre:

Las experiencias cumbre son momentos extraordinarios con características distintivas y profundas que los distinguen de las experiencias cotidianas. Estos eventos suelen describirse como intensos, trascendentes y profundamente significativos, evocando una mayor sensación de consciencia y conexión con uno mismo, los demás y el entorno. Una característica clave de las experiencias cumbre es su inherente sentido de unidad e interconexión, donde las personas sienten una profunda armonía y unidad con el mundo que las rodea. Esta unidad a menudo resulta en la disolución de las fronteras entre el Yo y el otro, lo que conduce a una sensación de trascendencia que trasciende la percepción ordinaria.

Las experiencias cumbre se caracterizan por una abrumadora sensación de alegría, euforia o asombro, a menudo acompañada de sentimientos de profunda gratitud y aprecio por la vida. Quienes las experimentan suelen manifestar una mayor conciencia de la belleza y el significado incluso en los aspectos más sencillos de la existencia, lo que inspira una profunda sensación de asombro y reverencia. Además, estos momentos se describen con frecuencia como "atemporales", donde la experiencia en sí misma parece trascender las limitaciones temporales, creando una sensación de atemporalidad e inmortalidad que perdura mucho después de que el evento haya pasado.

Además, las experiencias cumbre suelen implicar una percepción clara y lúcida de la realidad, donde las personas pueden sentir que han adquirido comprensión de verdades fundamentales sobre la existencia y su lugar en ella. Estas comprensiones pueden caracterizarse por una profunda comprensión de la interconexión de todas las cosas, una profunda conciencia del propio propósito o vocación, o una comprensión de la naturaleza transitoria de la vida y el valor de cada momento. Posteriormente, las personas suelen reportar una profunda sensación de plenitud, propósito y claridad tras una experiencia cumbre, lo que lleva a un cambio significativo en sus perspectivas y prioridades.

Estas experiencias suelen ir acompañadas de una sensación de mayor energía y vitalidad, que a menudo se manifiesta como una oleada de creatividad, inspiración y motivación. Quienes experimentan experiencias cumbre suelen sentirse llenos de una sensación de vigor y empoderamiento, lo que los impulsa a buscar el crecimiento y la realización personal. Es importante destacar que estos momentos pueden servir como poderosos catalizadores para la transformación y la autorrealización, incitando a las personas a reevaluar y realinear sus valores, metas y aspiraciones.

3. Mecanismos psicológicos subyacentes a las experiencias cumbre:

Comprender los mecanismos psicológicos que subyacen a estas experiencias es crucial para comprender su impacto en el desarrollo humano. Un mecanismo psicológico clave es la activación del sistema de recompensa del cerebro, que incluye la liberación de neurotransmisores como la dopamina, la serotonina y las endorfinas. Estos cambios neuroquímicos contribuyen a las intensas sensaciones de placer y la mayor consciencia asociadas con las experiencias cumbre.

Otro mecanismo psicológico esencial es la suspensión temporal de la red neuronal por defecto (RND) en el cerebro. La RND es responsable de los pensamientos autorreferenciales y la divagación mental. Durante las experiencias cumbre, las personas suelen reportar una profunda sensación de interconexión con el mundo que las rodea, lo cual puede estar relacionado con una menor actividad de la RND y una mayor conciencia del momento presente.

Los psicólogos cognitivos han observado que las experiencias cumbre suelen implicar un estado de fluidez, en el que las personas se sumergen por completo en una actividad y experimentan una sensación de concentración energizada, plena implicación y disfrute. Este estado de experiencia óptima, como lo describe Csikszentmihalyi, conduce a una fusión de acción y consciencia, amplificando la profundidad de la experiencia cumbre.

Un mecanismo psicológico adicional relacionado con las experiencias cumbre es el concepto de emociones trascendentes. Estas emociones, como el asombro, la gratitud y la admiración, se han vinculado con perspectivas más amplias, un mayor comportamiento prosocial y una sensación de significado en la vida. La evocación de emociones trascendentes durante las experiencias cumbre puede fomentar el crecimiento personal y brindar a las personas un renovado sentido de propósito y dirección.

Los investigadores han explorado el papel de la atención plena y la meditación para facilitar las experiencias cumbre. Se ha descubierto que la práctica de la atención plena mejora la conciencia del momento presente y puede conducir a una mayor frecuencia de experiencias cumbre. Cultivar la atención plena permite a las personas estar más en sintonía con la riqueza de sus experiencias, fomentando así una mayor capacidad para experimentar y apreciar momentos de trascendencia.

4. Impacto en el autoconcepto y la identidad:

Cuando las personas experimentan experiencias cumbre, suelen manifestar una mayor claridad sobre sus propios valores, creencias y propósito vital. Esta mayor autoconciencia puede llevar a una reevaluación de las prioridades y objetivos, forjando así una identidad más auténtica y congruente. Además, los intensos sentimientos de interconexión y trascendencia que se experimentan durante los momentos cumbre tienden a desafiar las nociones convencionales sobre los límites personales, fomentando una comprensión más profunda de la naturaleza interconectada de la humanidad y del universo en general.

Un aspecto clave del impacto de las experiencias cumbre en el autoconcepto y la identidad reside en la transformación de las narrativas personales. Quienes experimentan estas experiencias suelen reportar un cambio en su interpretación de eventos pasados, lo que a menudo lleva a una reconfiguración de las historias que las definen. De esta manera, las experiencias cumbre no solo alteran el momento presente, sino que también reinterpretan las narrativas pasadas, ofreciendo una perspectiva renovada para el futuro. Como resultado, el autoconcepto del individuo se vuelve más dinámico, fluido y abierto a la evolución continua, libre de las limitaciones de las autopercepciones rígidas.

El impacto de las experiencias cumbre en el autoconcepto y la identidad trasciende la introspección individual y abarca las dinámicas interpersonales. Estos momentos profundos suelen culminar en una mayor empatía y compasión por los demás, guiando a las personas hacia una mayor comprensión de la interconexión de todos los seres. En consecuencia, la delimitación entre el Yo y los demás se vuelve menos clara, dando lugar a un sentido de identidad más inclusivo y amplio que trasciende las fronteras del ego individual.

Cabe destacar que el impacto de las experiencias cumbre en el autoconcepto y la identidad no está exento de desafíos. Para algunas personas, integrar la naturaleza transformadora de las experiencias cumbre en su autoconcepto establecido puede generar sentimientos de disonancia e incertidumbre. Gestionar estos conflictos internos puede requerir un delicado equilibrio entre aceptar las nuevas perspectivas y reconciliarlas con los sistemas de creencias preexistentes. El éxito de este proceso puede conducir a una integración armoniosa del autoconcepto ampliado, lo que resulta en un sentido de identidad más cohesionado y fortalecido.

5. Facilitación del crecimiento y desarrollo personal:

Las experiencias cumbre desempeñan un papel fundamental en la facilitación del crecimiento y desarrollo personal, contribuyendo a profundas transformaciones en el bienestar psicológico y la autorrealización de las personas. Estos momentos transformadores sirven como catalizadores para la evolución personal, a menudo llevando a las personas a reevaluar sus valores, objetivos y prioridades. Tras las experiencias cumbre, las personas suelen mostrar una mayor motivación y un mayor impulso hacia la superación personal. Esta fase de mayor motivación puede conducir a avances significativos en habilidades, conocimientos y capacidades, que son fundamentales para el crecimiento personal. Además, la claridad y la comprensión adquiridas durante las experiencias cumbre pueden resultar en una mayor capacidad de toma de decisiones, permitiendo a las personas tomar decisiones que se alinean más estrechamente con su yo auténtico. Asimismo, el impacto emocional de las experiencias cumbre fomenta un mayor sentido de empoderamiento, resiliencia y autoeficacia, componentes esenciales para gestionar las complejidades del crecimiento personal.

La integración de experiencias cumbre en la narrativa y el autoconcepto personal puede fomentar una comprensión más profunda de las propias capacidades y potencial. Al reflexionar sobre estos momentos extraordinarios, las personas suelen experimentar un cambio en su percepción de lo alcanzable, ampliando así sus aspiraciones y ambiciones. Replantear las limitaciones y restricciones personales se convierte en una consecuencia natural, impulsando a las personas hacia un crecimiento personal transformador. Además, la profunda resonancia emocional de las experiencias cumbre suele impulsar a las personas hacia una mayor autenticidad y congruencia en sus acciones, animándolas a vivir en sintonía con sus valores y creencias más profundos. Estos cambios no solo facilitan el crecimiento personal, sino que también contribuyen al desarrollo de un sentido de identidad bien definido y coherente.

El impacto de las experiencias cumbre en el desarrollo personal se extiende a las dimensiones sociales e interpersonales. Quienes han experimentado experiencias cumbre profundas tienden a mostrar una mayor empatía, compasión y altruismo, lo que se atribuye al cultivo de conexiones más profundas y significativas con los demás. Estas experiencias de interconexión y unidad a menudo moldean las actitudes y comportamientos de las personas, lo que lleva a una mayor apreciación de la diversidad de experiencias y perspectivas humanas. En consecuencia, estas personas pueden buscar activamente oportunidades de crecimiento personal y colectivo, contribuyendo así al enriquecimiento de la comunidad en general. En general, facilitar el crecimiento y el desarrollo personal a través de experiencias cumbre tiene una gran importancia para fomentar el bienestar holístico y alcanzar el máximo potencial.

6. Experiencias cumbre en contextos culturales:

Las experiencias cumbre no se limitan únicamente a las dimensiones psicológicas individuales, sino que se ven significativamente influenciadas por los contextos culturales. Comprender cómo las diferentes culturas perciben y manifiestan las experiencias cumbre proporciona información valiosa sobre la universalidad y diversidad de estos fenómenos. Las normas, creencias, rituales y tradiciones culturales desempeñan un papel fundamental en la configuración de la ocurrencia, interpretación e integración de las experiencias cumbre dentro de las sociedades. En muchas culturas indígenas, como las de los nativos americanos o los aborígenes australianos, las experiencias cumbre suelen estar entrelazadas con conexiones espirituales o ancestrales. Estas culturas atribuyen profundos significados a los momentos de interconexión con la naturaleza, los rituales comunitarios o los ritos de paso, que inducen estados trascendentales cruciales para el crecimiento personal y colectivo. En contraste, las culturas occidentales modernas pueden enfatizar las experiencias cumbre vinculadas al logro individual, la aventura o las actividades de búsqueda de emociones fuertes, lo que refleja valores de autonomía, autoexpresión y realización personal. Además, el surgimiento de dinámicas culturales globalizadas ha dado lugar a una combinación de marcos tradicionales y contemporáneos para comprender y fomentar las experiencias cumbre. Esta fusión exige reconocer la coexistencia de diversas narrativas culturales que configuran la búsqueda y apreciación individual de experiencias cumbre. En particular, los efectos de la globalización en las experiencias cumbre plantean cuestiones cruciales sobre la apropiación cultural, la mercantilización y la autenticidad, lo que exige consideraciones éticas en la investigación y las prácticas interculturales. La interacción entre la diversidad cultural y las experiencias humanas universales pone de relieve la relación entre las influencias sociales y el desarrollo individual.

7. Experiencias cumbre, deficiencias y necesidades de crecimiento:

La teoría de la autorrealización postula que las personas se esfuerzan por satisfacer una jerarquía de necesidades, que abarca tanto las necesidades de deficiencia como las de crecimiento. Un aspecto central de esta exploración es la comprensión de las necesidades de deficiencia, que abarcan las necesidades fisiológicas y de seguridad básicas esenciales para la supervivencia y el bienestar. Es en el ámbito de las necesidades de deficiencia que las personas experimentan una sensación de carencia, lo que les motiva a abordar estos déficits. Por el contrario, las necesidades de crecimiento reflejan aspiraciones más elevadas de evolución y realización personal, incluyendo la necesidad de autoestima, pertenencia y autorrealización.

Al relacionar las experiencias cumbre con las necesidades de deficiencia, se hace evidente que estos momentos de trascendencia suelen surgir como respuesta a la satisfacción o trascendencia de las necesidades de deficiencia. Por ejemplo, una persona que ha enfrentado la adversidad y superado desafíos significativos puede experimentar una experiencia cumbre al satisfacer su necesidad de seguridad. De igual manera, la satisfacción de necesidades fisiológicas, como el hambre o la sed, puede crear un terreno fértil para experiencias trascendentales. Cabe destacar que, si bien las necesidades de deficiencia se asocian con déficits inmediatos y tangibles, la satisfacción de estas necesidades puede proporcionar una plataforma para el surgimiento de experiencias cumbre transformadoras.

La conexión entre las experiencias cumbre y las necesidades de crecimiento revela una profunda relación entre los momentos de trascendencia y la búsqueda del crecimiento y la realización personal. A medida que las personas se esfuerzan por satisfacer sus necesidades de crecimiento, como la necesidad de amor y pertenencia o la necesidad de autorrealización, pueden experimentar experiencias cumbre que las impulsen hacia un mayor sentido de propósito y significado en la vida. Estas experiencias tienen el potencial de fortalecer la autoestima, fomentar una profunda conexión con los demás e inspirar la realización del propio potencial. Por lo tanto, las experiencias cumbre no solo sirven como manifestaciones de crecimiento personal, sino también como catalizadores para el progreso continuo hacia la autorrealización.

Al contemplar la relación entre las experiencias cumbre y las necesidades de deficiencia y crecimiento, se hace evidente que estos momentos de trascendencia se entrelazan con las facetas fundamentales de la motivación y el desarrollo humano. Comprender el impacto de las experiencias cumbre en la satisfacción de las necesidades de deficiencia y la búsqueda de las necesidades de crecimiento proporciona valiosas perspectivas sobre las complejidades de la naturaleza humana y la búsqueda universal de la autorrealización.

8. El impacto de las experiencias cumbre:

Las experiencias cumbre han sido reconocidas desde hace mucho tiempo por su profundo impacto en las personas, que a menudo conducen a estados trascendentales y a una mayor consciencia. Sin embargo, por muy valiosas que sean estas experiencias, su sostenibilidad y sus efectos duraderos son igualmente importantes en el contexto general del desarrollo humano y el bienestar psicológico. Mantener el impacto de las experiencias cumbre implica comprender los mecanismos que permiten a las personas integrar estos momentos en sus vidas y aprovechar su poder transformador a lo largo del tiempo. Un aspecto clave para mantener el impacto de las experiencias cumbre es el cultivo intencional de la atención plena y la reflexión consciente. Al fomentar una mayor sensación de consciencia y presencia, las personas pueden transmitir la esencia de sus experiencias cumbre a la vida diaria, enriqueciendo sus interacciones y profundizando su comprensión de sí mismas y de los demás. Además, desarrollar prácticas como la meditación, el diario o la expresión creativa puede servir como medio para mantener la resonancia emocional y espiritual de las experiencias cumbre, permitiendo a las personas aprovechar continuamente la sabiduría y la comprensión adquiridas durante estos momentos extraordinarios. Asimismo, el papel del apoyo social y de la comunidad es fundamental para mantener el impacto de las experiencias cumbre. Entablar diálogos significativos con personas con ideas afines o buscar la mentoría de quienes también han vivido experiencias transformadoras puede brindar validación, aliento y un sentido de continuidad al integrar las lecciones aprendidas de las experiencias cumbre. Además, crear entornos que promuevan el crecimiento personal continuo y la autorrealización es crucial para mantener el impacto de las experiencias cumbre. Esto puede implicar tomar decisiones deliberadas sobre el estilo de vida, rodearse de relaciones que apoyen y buscar oportunidades para nuevos desafíos y autodescubrimiento. Finalmente, reconocer el potencial de experiencias cumbre posteriores y permanecer abierto al desarrollo de nuevos momentos transformadores es vital para mantener su impacto. Al mantener una mentalidad receptiva y exploratoria, las personas pueden seguir siendo receptivas a las posibilidades de crecimiento y renovación, permitiendo que las repercusiones de las experiencias cumbre pasadas moldeen y enriquezcan continuamente su trayectoria vital. En definitiva, mantener el impacto de las experiencias cumbre requiere un compromiso continuo con el crecimiento personal, la autoconciencia y el cultivo de un entorno que nutra el legado de estos encuentros trascendentales.

Interconectividad del crecimiento personal y el entorno

1. Introducción al crecimiento personal y factores ambientales:

El crecimiento personal está profundamente influenciado por la compleja interacción de factores externos con el entorno. Esto abarca no solo el entorno físico, sino también las dinámicas sociales y culturales que contribuyen al sentido de pertenencia e identidad de cada individuo. El ecosistema de influencia se extiende más allá de las fronteras personales, abarcando la comunidad en general, las estructuras sociales y los marcos culturales. Comprender el impacto de estos factores en el desarrollo personal es fundamental para comprender la naturaleza del crecimiento humano. Las dinámicas sociales y culturales influyen significativamente en las percepciones, valores y aspiraciones de una persona. Las normas, tradiciones y sistemas de creencias predominantes en una sociedad se integran en la mentalidad de la persona, influyendo en sus creencias, actitudes y comportamientos. Además, el grado de aceptación y validación que recibe de su entorno social impacta significativamente en su autoestima, confianza y disposición para explorar nuevas vías de crecimiento personal. Asimismo, la interconexión entre el crecimiento personal y los factores ambientales está profundamente arraigada en la necesidad inherente de pertenencia y afiliación. Los seres humanos son criaturas sociales por naturaleza, que buscan aceptación, apoyo y camaradería en sus comunidades. El sentimiento de conexión e inclusión dentro de una comunidad fomenta un entorno propicio para el crecimiento personal, donde las personas se sienten empoderadas para explorar su potencial y superar sus límites. Por el contrario, los sentimientos de exclusión o aislamiento pueden obstaculizar el desarrollo personal, generando sentimientos de estancamiento y desconexión. Al reconocer la inmensa influencia de las fuerzas sociales y culturales, las personas pueden comprender mejor cómo su entorno influye en su crecimiento personal. Esta comprensión les permite tomar decisiones informadas, cultivar redes de apoyo y adaptarse positivamente a los diversos entornos que encuentran.

2. Ecosistema de influencia - Dinámica social y cultural:

La red interconectada de valores, normas y tradiciones dentro de una sociedad crea un poderoso ecosistema de influencia que impacta significativamente el crecimiento y desarrollo personal. Examinar las dinámicas sociales a nivel macro permite una comprensión integral de cómo las tendencias culturales más amplias moldean las visiones individuales del mundo y contribuyen al desarrollo de la identidad personal. Las normas sociales y culturales dictan no solo las actitudes predominantes hacia el éxito y la realización, sino también creencias profundamente arraigadas sobre la naturaleza de la felicidad, el propósito y la contribución social. Comprender estas dinámicas es fundamental para comprender la relación entre el individuo y el entorno cultural más amplio. Además, un análisis profundo de los ecosistemas sociales y culturales proporciona información valiosa sobre la red de interdependencias, estructuras de poder y mecanismos institucionales que definen y perpetúan los paradigmas culturales. Asimismo, el análisis de las dinámicas sociales y culturales sirve como puerta de entrada para fomentar una mayor empatía, comprensión y apreciación intercultural, elementos esenciales para el crecimiento personal holístico y la adaptabilidad al entorno. Aceptar la diversidad dentro de los marcos sociales y culturales puede brindar experiencias transformadoras que amplían las perspectivas y catalizan la evolución personal. En definitiva, reconocer la interacción dinámica entre las personas y sus contextos sociales enriquece nuestra comprensión de las complejas dinámicas que sustentan el crecimiento personal y, por extensión, contribuye a la construcción de entornos inclusivos y de apoyo que fomentan el potencial de todas las personas.

3. Microambiente - Impacto familiar y comunitario:

El microentorno, que abarca las influencias familiares y comunitarias, desempeña un papel fundamental en el crecimiento y desarrollo personal de una persona. Dentro de la unidad familiar, dinámicas como los estilos de crianza, las relaciones familiares y los patrones de comunicación inciden significativamente en el autoconcepto, la resiliencia emocional y el bienestar psicosocial general de cada individuo. Además, el vínculo con los padres, hermanos y familiares contribuye a la formación de las creencias, los valores y la identidad cultural. Comprender estas complejidades familiares es esencial para comprender los matices del crecimiento personal.

La influencia de la comunidad trasciende los límites de la unidad familiar. Las redes de apoyo social, las estructuras vecinales y los recursos comunitarios contribuyen colectivamente al sentido de pertenencia, la integración social y el acceso a oportunidades de progreso de una persona. Es en estos contextos sociales donde las personas desarrollan habilidades interpersonales cruciales, empatía y una comprensión de la responsabilidad colectiva. Además, las tradiciones, costumbres y condiciones socioeconómicas de la comunidad pueden influir significativamente en la cosmovisión, las aspiraciones y el sentido de autonomía de una persona.

El impacto comunitario trasciende el entorno inmediato y puede extenderse a estructuras sociales más amplias. Por ejemplo, la prevalencia de normas sociales, tradiciones culturales y desigualdades sistémicas dentro de una comunidad puede facilitar o dificultar el desarrollo personal de una persona. La exposición a diversas perspectivas, experiencias y modelos a seguir dentro de la comunidad puede influir profundamente en el desarrollo del carácter, la empatía y la capacidad de pensamiento crítico de una persona.

Reconocer la interacción entre el entorno familiar y comunitario es fundamental para fomentar el crecimiento personal holístico. Al reconocer la importancia del microentorno, las personas, los educadores y los responsables políticos pueden esforzarse por crear marcos de apoyo que fomenten la resiliencia, promuevan la inclusión y empoderen a las personas para prosperar en entornos familiares y comunitarios diversos. Por lo tanto, cultivar la conciencia del impacto del microentorno en el desarrollo personal sirve de base para fomentar comunidades cohesionadas y empoderadas, contribuyendo así a la construcción de una sociedad próspera.

4. Influencia de los sistemas educativos en el desarrollo personal:

Los sistemas educativos sirven como crisoles para la adquisición de conocimientos, el desarrollo de habilidades y el cultivo de habilidades de pensamiento crítico, esenciales para gestionar las complejidades del mundo moderno. El impacto de los marcos educativos trasciende con creces los límites de las aulas tradicionales, permeando diversas facetas de la vida e influyendo significativamente en la búsqueda de la autorrealización.

Un aspecto central de la influencia de los sistemas educativos es la provisión de entornos de aprendizaje estructurados que no solo imparten conocimientos específicos de cada materia, sino que también inculcan valores como la disciplina, la perseverancia y la curiosidad intelectual. Al fomentar un ambiente propicio para el desarrollo integral, las instituciones educativas sientan las bases para que las personas emprendan su camino de autodescubrimiento y realización personal. Además, la exposición a diversas perspectivas y disciplinas académicas dentro de estos sistemas amplía los horizontes mentales, fomentando una comprensión más profunda de la interconexión entre el crecimiento personal y el contexto más amplio del progreso social.

Los sistemas educativos actúan como catalizadores del desarrollo personal al facilitar el perfeccionamiento de competencias esenciales diseñadas para el éxito profesional y vocacional. Mediante currículos específicos, experiencias prácticas y oportunidades de mentoría, estos sistemas dotan a las personas de las herramientas necesarias para desenvolverse en el panorama laboral con confianza y competencia. Al integrar el conocimiento teórico con las aplicaciones prácticas, las plataformas educativas conectan el aprendizaje en el aula con los desafíos del mundo real, empoderando a las personas para que aprovechen su potencial y realicen contribuciones significativas en sus campos de estudio.

Además de promover el desarrollo cognitivo, los sistemas educativos también fomentan la inteligencia emocional y la empatía, fortaleciendo así a las personas con las habilidades interpersonales esenciales para una colaboración y un liderazgo eficaces. Este énfasis en el crecimiento holístico refleja la conexión intrínseca entre los entornos educativos y la formación de ciudadanos integrales y empáticos, capaces de aceptar diversas perspectivas y contribuir positivamente al progreso colectivo de la sociedad.

La influencia transformadora de los sistemas educativos trasciende a las personas individuales para catalizar un cambio sistémico más amplio. Al promover un acceso inclusivo y equitativo a la educación, estos sistemas se convierten en motores de movilidad social, superando barreras y ofreciendo vías para que personas de diversos orígenes progresen. Por ello, los ecosistemas educativos integrales tienen el poder de actuar como ecualizadores, democratizando las oportunidades de crecimiento personal y permitiendo a las personas superar las limitaciones socioeconómicas.

En definitiva, la interacción entre los sistemas educativos y el desarrollo personal subraya el papel fundamental de los entornos de aprendizaje estructurados para fomentar el desarrollo personal y el progreso social. Al fomentar la perspicacia intelectual, emocional y profesional, los sistemas educativos empoderan a las personas para que alcancen su potencial, contribuyan significativamente a sus comunidades y forjen un futuro caracterizado por el conocimiento, la compasión y la innovación.

5. Entornos ocupacionales y desarrollo profesional:

El desarrollo profesional en entornos laborales es un proceso multifacético que no solo fomenta el crecimiento individual, sino que también impacta el dinamismo general de los lugares de trabajo. La interacción entre la trayectoria profesional de una persona y su entorno es fundamental, ya que define el camino holístico hacia la autorrealización. A medida que las personas transitan por diversas esferas profesionales, se enfrentan a diversos desafíos, oportunidades y colaboraciones, cada una de las cuales sirve como plataforma para el progreso personal y comunitario.

El panorama laboral moderno promueve la diversidad y la inclusión, reconociendo el potencial enriquecedor de la diversidad de perspectivas y experiencias. Fomentar un entorno donde las personas puedan prosperar profesionalmente implica ofrecer vías para el desarrollo de habilidades, programas de mentoría y fomentar una cultura de aprendizaje continuo. Además, implica adoptar los avances tecnológicos, comprender las tendencias del sector y adaptarse a la evolución de los puestos de trabajo.

Paralelamente, el desarrollo profesional se alinea con la esencia de la autorrealización, ya que las personas se esfuerzan por alcanzar su máximo potencial y contribuir significativamente a sus respectivos roles. Ya sea mediante la adquisición de nuevas competencias, asumiendo responsabilidades de liderazgo o liderando proyectos innovadores, el ámbito laboral se convierte en una plataforma para perfeccionar fortalezas, superar limitaciones y alcanzar aspiraciones.

La interconexión entre el desarrollo personal y los entornos laborales trasciende el crecimiento individual e influye en la dinámica de equipo, la ética organizacional y el impacto social. Las iniciativas colaborativas, la cooperación interdepartamental y el intercambio de conocimientos son fundamentales para crear un ecosistema donde el progreso colectivo se entrelaza con el empoderamiento individual. Además, la dimensión ética de la conducta profesional y la búsqueda de la excelencia se vuelven esenciales para fomentar una cultura de integridad, compasión y eficacia dentro de las organizaciones.

Comprender la interdependencia entre las aspiraciones personales, los objetivos organizacionales y el progreso social impulsa un cambio de paradigma al percibir el trabajo no solo como una fuente de empleo, sino como un canal para innumerables posibilidades de crecimiento, realización y contribución. Adoptar una mentalidad de crecimiento, cultivar la resiliencia y la adaptabilidad en entornos laborales dinámicos fortalece la relación simbiótica entre la evolución personal y profesional, catalizando un equilibrio armonioso que resuena dentro y fuera de las fronteras organizacionales.

A medida que los individuos aprovechan su potencial dentro de los entornos laborales, se desarrolla un proceso recíproco en el que la vitalidad del individuo nutre la vitalidad del lugar de trabajo y viceversa, perpetuando así un paradigma cíclico de desarrollo holístico y progreso sostenible.

6. Las relaciones interpersonales como catalizadores del crecimiento:

Las relaciones interpersonales desempeñan un papel fundamental en el camino de crecimiento personal y autorrealización de una persona. Estas conexiones con los demás no solo ofrecen compañía y apoyo, sino que también sirven como espejos que reflejan nuestros pensamientos, comportamientos y respuestas emocionales. A través de interacciones significativas con familiares, amigos, colegas y mentores, las personas tienen oportunidades de autodescubrimiento e introspección. Al entablar una comunicación abierta, empatía y respeto mutuo en estas relaciones, las personas pueden comprender mejor sus propios valores, fortalezas y áreas de desarrollo.

La dinámica de las relaciones interpersonales a menudo presenta desafíos y conflictos que obligan a las personas a adaptarse, aprender y crecer. La capacidad de gestionar las diferencias de perspectiva, resolver conflictos y cultivar la comprensión fomenta la inteligencia emocional y la resiliencia. Además, el intercambio de diversos puntos de vista y experiencias en estas relaciones fomenta la flexibilidad cognitiva y amplía la comprensión del mundo.

El impacto de las relaciones interpersonales en el crecimiento personal va más allá del desarrollo individual y abarca la influencia recíproca entre individuos interconectados. Cada persona aporta perspectivas, motivaciones y aspiraciones únicas, configurando así el entorno colectivo que fomenta el crecimiento. Los esfuerzos colaborativos, las experiencias compartidas y las redes de apoyo amplían el potencial de progreso personal y colectivo.

Además de brindar apoyo emocional y estimulación intelectual, las relaciones saludables también actúan como fuente de afirmación y validación. Recibir retroalimentación motivadora y empoderadora de personas de confianza refuerza la confianza en las propias capacidades y potencial, promoviendo la autoconfianza y la autoeficacia. Además, el sentido de pertenencia y conexión que se deriva de cultivar relaciones significativas contribuye al bienestar general y la resiliencia mental de la persona.

Es fundamental que las personas reconozcan la importancia de fomentar y mantener relaciones interpersonales saludables, ya que estas sirven como catalizadores esenciales para el crecimiento personal y la autorrealización. Al cultivar conexiones significativas y auténticas, las personas cultivan un entorno enriquecedor que impulsa su búsqueda de plenitud, propósito y desarrollo integral.

7. Culturas digitales - El equilibrio entre las esferas virtuales y físicas:

En el mundo hiperconectado actual, las culturas digitales desempeñan un papel fundamental en el desarrollo individual y la dinámica social. La intersección de los planos virtual y físico presenta tanto oportunidades como desafíos para quienes buscan la autorrealización. Con la omnipresencia de la tecnología digital, es fundamental mantener un delicado equilibrio para garantizar que las interacciones virtuales complementen, en lugar de suplantar, las experiencias del mundo real. La omnipresencia de las redes sociales, las comunidades en línea y las plataformas de comunicación digital ha ampliado el panorama en el que se desarrolla el desarrollo personal. Al interactuar con diversas comunidades digitales, las personas se exponen a una gran variedad de perspectivas, ideas y experiencias, lo que fomenta el crecimiento cognitivo y la conciencia social. Sin embargo, el atractivo de la conectividad perpetua y la validación virtual también puede obstaculizar las conexiones humanas auténticas y una interacción significativa con el mundo tangible. Esta dicotomía exige un esfuerzo consciente para armonizar los beneficios de las culturas digitales con el fomento de las relaciones fuera de línea y las experiencias genuinas. Además, no se puede ignorar la influencia de los entornos digitales en el bienestar mental y la autopercepción. La prevalencia de personajes en línea seleccionados y representaciones filtradas de la realidad puede generar estándares poco realistas y provocar sentimientos de incompetencia, lo que supone un profundo desafío para la autoestima y el crecimiento personal. Simultáneamente, la integración de herramientas digitales para la superación personal y la adquisición de conocimientos ha revolucionado el acceso a recursos y oportunidades educativas. Las plataformas de aprendizaje en línea, la mentoría digital y la colaboración virtual han democratizado el aprendizaje, empoderando a las personas para ampliar sus habilidades y mejorar sus competencias. A medida que nos involucramos con las complejidades de las culturas digitales, es imperativo enfatizar la atención plena digital y ser conscientes de los posibles obstáculos. Lograr un equilibrio entre las experiencias digitales inmersivas y la desconexión intencional es fundamental para preservar la claridad mental, fomentar la atención plena y cultivar relaciones significativas. Un enfoque consciente de las interacciones virtuales, basado en la reflexión crítica y el discernimiento, permite a las personas aprovechar los aspectos enriquecedores de los entornos digitales, a la vez que salvaguarda la integridad de sus auténticas experiencias humanas.

8. Desafíos ambientales y estrategias de adaptación:

En el complejo y cambiante mundo actual, las personas se enfrentan a una multitud de desafíos ambientales que pueden afectar profundamente su crecimiento y desarrollo personal. Desde la expansión urbana y la contaminación hasta la deforestación y el cambio climático, el panorama ambiental presenta enormes obstáculos para la autorrealización. Sin embargo, ante estos desafíos, existe una gran cantidad de estrategias adaptativas que pueden empoderar a las personas para gestionar eficazmente su entorno y prosperar en él.

Uno de los desafíos ambientales más apremiantes de nuestro tiempo es el cambio climático. A medida que el clima global continúa cambiando, las personas se ven obligadas a afrontar fenómenos meteorológicos extremos, el aumento del nivel del mar y las perturbaciones ecológicas. Estos cambios no solo representan amenazas físicas directas, sino que también tienen profundas implicaciones para el bienestar mental y emocional. En respuesta, las estrategias de adaptación, como las prácticas de vida sostenibles, la promoción de reformas en las políticas ambientales y las iniciativas de desarrollo de la resiliencia, desempeñan un papel crucial en la mitigación de los efectos adversos del cambio climático en el desarrollo personal.

La rápida urbanización global presenta desafíos únicos para el desarrollo personal. Los entornos urbanos suelen presentar altos niveles de ruido, contaminación atmosférica y fragmentación social, lo que representa posibles barreras para el desarrollo individual. Para abordar estos desafíos, las estrategias de adaptación incluyen la promoción de espacios verdes en las ciudades, el desarrollo comunitario y la implementación de principios innovadores de diseño urbano que prioricen el bienestar humano.

En contraste, las personas en paisajes naturales pueden enfrentar desafíos ambientales como la seguridad en la naturaleza, el acceso limitado a los recursos y la preservación de la biodiversidad. Las estrategias adaptativas en estos contextos abarcan la educación al aire libre, la gestión sostenible de los recursos y el desarrollo de una profunda conciencia ecológica para fomentar la coexistencia armoniosa con el entorno natural.

La interconexión de los desafíos ambientales exige un enfoque holístico para las estrategias de adaptación. Por ejemplo, las iniciativas destinadas a combatir el cambio climático también pueden generar beneficios para los entornos urbanos y naturales, contribuyendo a la mejora general del desarrollo personal. Al reconocer la interdependencia de los ámbitos ambientales, las personas pueden aprovechar estrategias de adaptación transversales para promover la resiliencia, el empoderamiento y el crecimiento sostenible ante los múltiples desafíos ambientales.

A medida que profundizamos en el análisis de los desafíos ambientales y las estrategias de adaptación, se hace cada vez más evidente que la interacción dinámica entre las personas y su entorno configura la trayectoria del crecimiento personal. Al adoptar estrategias de adaptación basadas en la comprensión de los desafíos ambientales, las personas no solo superan los obstáculos existentes, sino que también cultivan un profundo sentido de conexión y responsabilidad con su entorno, fomentando así vías holísticas y sostenibles para el desarrollo personal.

9. Desarrollo personal sostenible en contextos urbanos y naturales:

En el mundo dinámico y diverso de hoy, las personas se encuentran constantemente en una gran variedad de entornos que impactan significativamente su crecimiento y desarrollo personal. El desarrollo personal sostenible, tanto en contextos urbanos como naturales, es esencial para quienes buscan un progreso equilibrado y holístico en sus vidas. Los entornos urbanos, caracterizados por ciudades bulliciosas y comunidades diversas, presentan desafíos y oportunidades únicos para el crecimiento personal. El ritmo acelerado de la vida urbana a menudo exige resiliencia, adaptabilidad y la capacidad de prosperar en medio de la complejidad. Quienes transitan entornos urbanos deben gestionar las interacciones sociales, el desarrollo profesional y la exposición a diversas culturas, lo que hace crucial desarrollar estrategias adaptativas que promuevan un desarrollo personal sostenible. Además, la presencia de la tecnología y la conectividad digital en entornos urbanos introduce un nivel de complejidad, que exige que las personas encuentren un equilibrio entre lo virtual y lo físico. Por otro lado, los entornos naturales ofrecen un entorno sereno y contemplativo para el desarrollo personal. Estar en armonía con la naturaleza brinda la oportunidad de introspección, atención plena y apreciación de la interconexión de todos los seres vivos. La interacción con el entorno natural fomenta cualidades como la resiliencia, la paciencia y la adaptabilidad. Al interactuar con paisajes rurales o naturales, las personas tienen la oportunidad de desconectar del bullicio de la vida urbana y reconectar con la simplicidad y la tranquilidad del mundo natural. Comprender el delicado equilibrio entre los contextos urbanos y naturales es fundamental para fomentar el desarrollo personal sostenible. Implica abrazar la vitalidad y la diversidad de la vida urbana, aprovechando al mismo tiempo la serenidad y la sabiduría de la naturaleza. Lograr un desarrollo personal sostenible requiere que las personas integren las lecciones y experiencias adquiridas en estos entornos divergentes, forjando una síntesis armoniosa que se alinee con sus valores y aspiraciones. Al reconocer las interdependencias entre el crecimiento personal y el entorno, las personas adquieren una comprensión más profunda de sí mismas y de su lugar en el entramado de ecosistemas urbanos y naturales. Esta conciencia les permite tomar decisiones conscientes y adoptar prácticas que contribuyen a su desarrollo sostenible, permitiéndoles prosperar y prosperar independientemente del entorno en el que vivan.

Autotrascendencia

1. Los parámetros de la trascendencia:

La trascendencia, dentro del contexto de la teoría de la autorrealización, representa un concepto profundo y multifacético que encapsula la capacidad del individuo para superar las limitaciones ordinarias, ya sean físicas, emocionales o cognitivas.

En esencia, la trascendencia enfatiza una elevación más allá del Yo y lo cotidiano, buscando una conexión con algo más grande o profundo. Representa un cambio desde perspectivas egocéntricas hacia una conciencia más amplia e inclusiva de la existencia. En la psicología, este fenómeno suele asociarse con experiencias de asombro, interconexión y altruismo, lo que lleva a las personas a expandir su consciencia y a percibir la realidad desde una perspectiva holística.

Un aspecto crucial para definir la trascendencia implica explorar la relación entre el individuo y el colectivo. Requiere examinar cómo las aspiraciones, creencias y acciones contribuyen al mejoramiento no solo de uno mismo, sino también de la sociedad en su conjunto. Esta interacción entre el crecimiento personal y el bienestar social constituye el eje central de la trascendencia, presentándola como una fuerza dinámica que fomenta la armonía y el progreso en múltiples niveles.

Profundizar en los parámetros de la trascendencia implica dilucidar su asociación con la motivación intrínseca y una vida con propósito. Quienes experimentan la trascendencia suelen reportar una mayor sensación de significado y dirección en sus vidas, que trasciende la mera felicidad o satisfacción. Esta dimensión de la trascendencia invita a explorar cuestiones existenciales y a la búsqueda de valores que van más allá de la gratificación inmediata, forjando así una comprensión más profunda de nuestro lugar en el mundo.

Desde una perspectiva filosófica, los parámetros de la trascendencia invitan a indagar en la naturaleza de la realidad y la conciencia. La reflexión sobre temas como el tiempo, el espacio y la interconexión de todos los seres resulta crucial para desentrañar la esencia de la trascendencia. Además, la relación simbiótica entre la trascendencia y el crecimiento personal exige una comprensión más profunda de cómo las experiencias transformadoras moldean a los individuos y los impulsan hacia la autotrascendencia.

2. Comparación con la autorrealización:

La autotrascendencia y la autorrealización son dos conceptos fundamentales en el ámbito de la psicología humanista. Mientras que la autorrealización se centra en el crecimiento personal y la realización del propio potencial, la autotrascendencia profundiza en la dimensión de la superación personal y la conexión con los demás o con un propósito superior. En este análisis comparativo, buscamos yuxtaponer estos dos constructos para revelar sus divergencias y convergencias.

La autorrealización se centra inherentemente en el desarrollo individual, enfatizando la realización de las propias capacidades y talentos. Encarna la búsqueda de la autonomía, la creatividad y la autenticidad, impulsando a las personas a alcanzar su potencial interior. Por otro lado, la autotrascendencia extiende este enfoque más allá del Yo y enfatiza la interconexión de todos los seres y el universo. Revela una inclinación hacia el altruismo, la empatía y el despertar espiritual, fomentando así un sentido más profundo de significado y propósito.

Mientras que la autorrealización refleja el proceso de realización de la propia identidad y capacidades únicas, la autotrascendencia impulsa a las personas a adoptar una perspectiva más amplia que abarca el bienestar de los demás y los aspectos trascendentales de la existencia. Reconoce la importancia de la pertenencia y la contribución a la sociedad, trascendiendo los límites de las ambiciones personales. En esencia, la autorrealización se refiere a la búsqueda de la realización personal, mientras que la autotrascendencia dirige la atención a la búsqueda del bienestar colectivo y la iluminación espiritual.

La autorrealización gira principalmente en torno a la satisfacción de las necesidades y el logro de las aspiraciones personales, a menudo dentro de los límites del crecimiento cognitivo y emocional. En cambio, la autotrascendencia supera estos objetivos individualistas al enfatizar la importancia del altruismo, la compasión y el servicio al prójimo, y al contemplar la vida desde una perspectiva de interconexión y unidad. Se centra en las necesidades de crecimiento y la expansión de la conciencia más allá de las limitaciones del ego.

3. La influencia de la espiritualidad y la conciencia:

La espiritualidad y la consciencia desempeñan un papel fundamental en la exploración de la autotrascendencia. En el centro de esta discusión se encuentra el reconocimiento de que la espiritualidad trasciende la religiosidad, abarcando una búsqueda más amplia de significado, conexión y trascendencia. Reconoce las dimensiones multifacéticas de las experiencias humanas, promoviendo la introspección y el autodescubrimiento. Además, la espiritualidad sirve como catalizador para cultivar el altruismo, la empatía y la compasión, fomentando un profundo sentido de interconexión con los demás y con el mundo en general. La evolución de la consciencia es paralela a este camino hacia la autotrascendencia, permitiendo a las personas trascender las limitaciones del ego y abrazar una consciencia colectiva. Los profundos cambios de consciencia asociados con la autotrascendencia empoderan a las personas para percibir la vida desde una perspectiva holística, abrazando la interconexión y esforzándose por el mejoramiento de la humanidad. A partir de diversas tradiciones filosóficas y prácticas contemplativas, la exploración de la consciencia ilumina el potencial transformador de la autotrascendencia. Adoptar la atención plena, la meditación y otras prácticas contemplativas amplía las perspectivas de las personas, facilitando el acceso a estados superiores de consciencia. Además, la integración de los principios espirituales y la expansión de la consciencia ejercen una influencia positiva en el bienestar mental, emocional y físico, contribuyendo al desarrollo integral y la resiliencia. Es fundamental reconocer la naturaleza dinámica de la espiritualidad y la consciencia, ya que se entrelazan con el crecimiento personal y la búsqueda de la trascendencia.

4. Perspectivas teóricas sobre las experiencias transpersonales:

Las experiencias transpersonales han sido desde hace mucho tiempo objeto de fascinación y debate en el campo de la psicología y la espiritualidad. Estas experiencias trascienden los límites de la identidad individual y abarcan una profunda sensación de interconexión con el universo. Han surgido diversas perspectivas teóricas para dilucidar e interpretar estos fenómenos trascendentes, a partir de diversos marcos filosóficos y psicológicos. Un enfoque destacado es la perspectiva psicodinámica, que explora las experiencias transpersonales como manifestaciones de las interacciones de la mente inconsciente con dimensiones espirituales o metafísicas. Esta perspectiva profundiza en el simbolismo arquetípico y las representaciones simbólicas inherentes a las experiencias transpersonales, arrojando luz sobre la naturaleza trascendente de la consciencia humana. Asimismo, la perspectiva existencial-humanista enfatiza el potencial transformador de las experiencias transpersonales para fomentar la autoconciencia, la autenticidad y el crecimiento personal. Subraya la importancia de que las personas trasciendan sus limitadas identidades y adopten una comprensión más amplia e interconectada de la existencia. Además, la perspectiva de la neurociencia cognitiva busca desentrañar los fundamentos neuronales de las experiencias transpersonales, investigando los mecanismos neurobiológicos que subyacen a los estados alterados de conciencia y las revelaciones místicas. Al integrar conocimientos de la neurociencia y la psicología cognitiva, esta perspectiva ofrece una comprensión integral de los procesos cognitivos implicados en los estados trascendentes. Asimismo, el marco de la psicología transpersonal, desarrollado por eminencias como Stanislav Grof y Ken Wilber, sintetiza elementos de las tradiciones espirituales orientales, la psicología occidental y los estudios contemporáneos de la conciencia para ofrecer un modelo holístico de las experiencias transpersonales. Este paradigma postula que las experiencias transpersonales reflejan la evolución de la conciencia humana hacia etapas superiores de consciencia, que abarcan el despertar espiritual, la unidad cósmica y la empatía profunda.

5. Implicaciones para las prácticas psicológicas:

Al integrar los conceptos de autotrascendencia en los marcos psicológicos, los profesionales pueden cultivar un enfoque más holístico del bienestar que abarca no solo el crecimiento individual, sino también la interconexión con los sistemas sociales y ecológicos más amplios. Reconociendo la importancia de la autotrascendencia para fomentar una mayor empatía y compasión, los terapeutas pueden adaptar las intervenciones para facilitar experiencias que promuevan la trascendencia más allá del Yo, fomentando así un sentido de interconexión y propósito.

La incorporación de la autotrascendencia en las prácticas psicológicas facilita una comprensión más profunda de las preocupaciones existenciales y del deseo de sentido y plenitud. Esta comprensión permite a los profesionales abordar con mayor eficacia cuestiones relacionadas con la identidad, la autonomía y las crisis espirituales o existenciales. Al guiar a las personas hacia experiencias que trascienden los límites personales, los psicólogos pueden ayudar a sus clientes a acceder a niveles más profundos de consciencia y a mejorar su bienestar general.

La inclusión de la autotrascendencia en entornos terapéuticos fomenta la exploración de estados de conciencia no ordinarios y experiencias transpersonales. Esta ampliación del enfoque permite una apreciación más integral del potencial humano y las posibilidades de crecimiento transformador. Mediante el cuidado de un entorno que favorezca las experiencias trascendentes, las prácticas psicológicas pueden brindar a los clientes la oportunidad de explorar dimensiones de su ser que van más allá de la comprensión convencional, ofreciendo profundas perspectivas y facilitando una profunda transformación personal.

Además, la adopción de la autotrascendencia en las prácticas psicológicas ofrece una vía para abordar cuestiones de interconexión y bienestar colectivo. Los terapeutas pueden colaborar con los clientes para crear un sentido de propósito compartido y una interacción significativa con contextos sociales y ambientales más amplios. Este enfoque colaborativo amplía el alcance de las actividades terapéuticas más allá del individuo, fomentando un sentido de responsabilidad y contribución a la comunidad en general, promoviendo así el bienestar social.

En general, la integración de la autotrascendencia en las prácticas psicológicas no solo potencia el potencial de crecimiento y bienestar personal, sino que también subraya la interconexión de la experiencia humana en la esencia de la existencia. Al reconocer e incorporar la autotrascendencia en su trabajo, los psicólogos tienen la oportunidad de ampliar sus perspectivas y crear un entorno terapéutico más inclusivo, compasivo y transformador.

6. Desafíos en la medición y validación:

La búsqueda de la comprensión y cuantificación de la autotrascendencia presenta numerosos desafíos en términos de medición y validación. Uno de los principales obstáculos reside en la naturaleza inherentemente subjetiva de las experiencias trascendentes, que desafían los métodos convencionales de evaluación empírica. A diferencia de aspectos más tangibles del comportamiento y la psicología humana, como los procesos cognitivos o las conductas observables, la autotrascendencia incorpora encuentros profundamente personales y a menudo inefables que resisten a las mediciones estándar.

La diversidad y el contexto cultural de las experiencias trascendentes añaden otra capa de complejidad al desafío. Lo que puede considerarse trascendente en un marco cultural puede no tener el mismo significado en otro, lo que dificulta el desarrollo de estándares universales de medición. Esto exige un enfoque matizado que reconozca y respete las variaciones en las interpretaciones individuales de la trascendencia, a la vez que busca puntos en común para la comparación.

Otro obstáculo importante es la falta de consenso sobre la definición y los límites de la autotrascendencia. Diversas disciplinas y tradiciones filosóficas ofrecen perspectivas diferentes sobre lo que constituye una experiencia trascendente, lo que dificulta aún más los esfuerzos por establecer métricas unificadas para la evaluación. Esto requiere colaboración interdisciplinaria y un diálogo abierto para lograr una comprensión integral que abarque los aspectos multidimensionales de la autotrascendencia.

La naturaleza inherentemente personal y privada de la trascendencia dificulta el diseño de metodologías de investigación fiables y éticas. El respeto a la privacidad de las personas y al carácter sagrado de sus experiencias trascendentes es fundamental, lo que presenta un delicado equilibrio entre la exploración y la intrusión. La posibilidad de sesgos e interpretaciones erróneas en la recopilación y el análisis de datos añade un nivel adicional de complejidad, lo que exige una atención meticulosa al rigor metodológico y a las consideraciones éticas.

Abordar estos desafíos en la medición y la validación requiere un enfoque sofisticado y holístico que integre métodos cualitativos y cuantitativos, respetando la subjetividad inherente y la diversidad de la trascendencia. Requiere el desarrollo de instrumentos culturalmente sensibles y específicos para cada contexto, junto con el fomento del entendimiento mutuo y la práctica ética dentro de la comunidad investigadora.

El concepto de motivación de Maslow

1. Conceptos fundamentales:

La teoría de la motivación de Maslow se basa profundamente en la comprensión de la jerarquía de las necesidades humanas, que progresa desde las necesidades fisiológicas básicas hasta las aspiraciones autotrancendentes. En el nivel fundamental, las necesidades fisiológicas como la alimentación, el agua, el refugio y el sueño constituyen los requisitos fundamentales para la supervivencia y el bienestar humanos. Una vez satisfechas estas necesidades básicas, las personas se inclinan naturalmente hacia las necesidades de seguridad, como la seguridad física, la salud y la estabilidad financiera. A medida que se establece la sensación de seguridad, la atención se centra en la necesidad de amor y pertenencia, que abarca las relaciones íntimas, la amistad y la participación en la comunidad. El logro de estas conexiones interpersonales sienta las bases para las necesidades de estima, donde las personas buscan reconocimiento, respeto y una autoimagen positiva. Más allá de estas necesidades de deficiencia, Maslow introdujo el concepto de autorrealización, que marca la transición a las necesidades de crecimiento que incluyen el desarrollo personal, la creatividad y la realización del propio potencial. Cabe destacar que la autorrealización anuncia un cambio crucial hacia la autotrascendencia, lo que significa una búsqueda que va más allá de la realización individual hacia el altruismo, el despertar espiritual y la contribución al bien común. Comprender esta progresión ilustra la interacción entre las motivaciones intrínsecas y el panorama cambiante de las necesidades humanas. Además, el marco de Maslow sirve como guía esencial para comprender la naturaleza dinámica de los deseos y ambiciones humanos, proporcionando valiosas perspectivas sobre las múltiples capas de motivación que impulsan el comportamiento y las aspiraciones individuales.

2. El papel de la cognición en los constructos motivacionales:

La cognición desempeña un papel fundamental en la motivación de las personas para perseguir objetivos específicos, influyendo en sus creencias, expectativas y percepciones de sus capacidades. Procesos cognitivos como la atención, la memoria, la toma de decisiones y la resolución de problemas se entrelazan con factores motivacionales, moldeando los deseos, elecciones y acciones de las personas. Además, los procesos de evaluación cognitiva influyen significativamente en cómo las personas interpretan y responden a los estímulos motivacionales, impactando la dirección e intensidad de sus estados motivacionales. Comprender los fundamentos cognitivos de la motivación proporciona información valiosa sobre las complejidades del comportamiento humano y la toma de decisiones. Asimismo, examinar la influencia de los sesgos cognitivos, la heurística y los procesos de autorregulación mejora nuestra comprensión de cómo la cognición modula las conductas motivacionales. Además, la interacción entre la cognición y la emoción es fundamental en la configuración de las experiencias motivacionales, ya que las evaluaciones cognitivas de los estímulos emocionales contribuyen a la importancia motivacional atribuida a diversas situaciones y eventos. Explorar el papel de la cognición en los constructos motivacionales también requiere un análisis de los determinantes cognitivos del establecimiento, la búsqueda y el ajuste de metas, lo que arroja luz sobre cómo las personas estructuran y persiguen cognitivamente sus aspiraciones. Además, investigar el impacto de los sistemas de creencias, los procesos atribucionales y la autoeficacia en el compromiso motivacional proporciona información valiosa sobre los mecanismos cognitivos que subyacen a la motivación sostenida y la perseverancia. Diversas perspectivas teóricas, como la teoría de la evaluación cognitiva, las teorías de la expectativa-valor y los modelos de autorregulación, ofrecen marcos integrales para comprender las dimensiones cognitivas de la motivación, enfatizando la interdependencia entre los procesos cognitivos y la dinámica motivacional.

3. Dinámica motivacional y comportamiento individual:

La motivación es una compleja interacción de impulsos internos, estímulos externos y procesos cognitivos que guían el comportamiento individual. En el contexto de las teorías de la motivación de Maslow, la exploración de las dinámicas motivacionales y su influencia en el comportamiento cobra una importancia crucial. Comprender cómo las diferentes necesidades jerárquicas influyen en las acciones y decisiones arroja luz sobre la naturaleza de la motivación humana. A nivel fisiológico, las necesidades básicas de supervivencia, como el hambre, la sed y el refugio, determinan el comportamiento inmediato. Al satisfacerse estas necesidades, entran en juego necesidades de orden superior, como la seguridad y la pertenencia, que impulsan a las personas a buscar seguridad y conexiones sociales. Es fundamental reconocer que estas dinámicas motivacionales no solo varían entre individuos, sino también dentro de una misma persona en diferentes etapas de la vida o circunstancias. Un aspecto esencial de las dinámicas motivacionales es el concepto de autorrealización, donde las personas buscan alcanzar su máximo potencial, buscar el crecimiento personal y participar en actividades significativas. Este impulso intrínseco hacia la autorrealización puede influir considerablemente en el comportamiento y la toma de decisiones de una persona. Además, la interacción entre las motivaciones intrínsecas y extrínsecas configura los patrones de comportamiento de las personas en diversos entornos. Factores externos como las recompensas, el reconocimiento y las expectativas sociales a menudo se entrelazan con los deseos y valores internos, lo que resulta en una compleja gama de fuerzas motivacionales. El aspecto psicológico de la motivación profundiza en las complejidades de la cognición, la emoción y los rasgos de personalidad, todos los cuales impactan el comportamiento individual. Las evaluaciones cognitivas de las situaciones, las respuestas emocionales y las disposiciones de la personalidad contribuyen significativamente a la forma en que las personas perciben y responden a las señales motivacionales. Además, el contexto cultural y socioeconómico en el que se desenvuelven las personas desempeña un papel fundamental en la configuración de la dinámica motivacional. Las normas sociales, los valores colectivos y las disparidades económicas pueden influir profundamente en el marco motivacional dentro de una sociedad, impactando consecuentemente los patrones de comportamiento individuales. Comprender la naturaleza dinámica de la motivación y su impacto en el comportamiento individual proporciona información valiosa para diversos ámbitos, como la educación, la gestión organizacional y el desarrollo personal. Al comprender las complejidades de la dinámica motivacional, uno puede adaptar eficazmente las intervenciones, diseñar sistemas y fomentar entornos que respalden y alimenten resultados conductuales positivos.

4. Críticas a los marcos jerárquicos sobre la motivación:

Los marcos jerárquicos, como la Jerarquía de Necesidades de Maslow, han sido fundamentales desde hace tiempo para comprender la motivación humana. Sin embargo, estos modelos han sido objeto de críticas y debates en cuanto a su aplicabilidad y universalidad. Una de las principales críticas gira en torno a la suposición de que las necesidades progresan de forma lineal, desde los requisitos fisiológicos básicos hasta las necesidades de autorrealización de nivel superior. Los críticos argumentan que esta estructura jerárquica puede simplificar excesivamente la compleja naturaleza de la motivación humana. Además, las variaciones culturales cuestionan la aplicación universal de estos marcos. Distintas sociedades y contextos culturales pueden priorizar las necesidades de forma distinta, lo que cuestiona la validez universal de los modelos jerárquicos. Asimismo, algunos académicos argumentan que la jerarquía no tiene en cuenta la existencia e interacción simultáneas de diversas necesidades en diferentes niveles. Por ejemplo, una persona puede esforzarse por la autorrealización mientras aún lidia con necesidades de seguridad o autoestima insatisfechas. Esta interacción entre diferentes necesidades complica aún más la jerarquía lineal propuesta por Maslow. Asimismo, los detractores cuestionan el respaldo empírico de la ordenación jerárquica de las necesidades. Si bien las observaciones y la evidencia anecdótica de Maslow han influido en innumerables académicos y profesionales, los críticos afirman la necesidad de una investigación empírica más sólida para validar la progresión jerárquica de las necesidades. En la psicología contemporánea, existe un creciente énfasis en los factores dinámicos y situacionales que influyen en la motivación. Esto ha generado críticas a los modelos estáticos y jerárquicos que no abordan adecuadamente la naturaleza fluida de la motivación. A pesar de estas críticas, es importante reconocer el impacto perdurable de las teorías de Maslow en el estudio de la motivación. Su trabajo, sin duda, ha inspirado una extensa investigación y desarrollo conceptual en el campo. Si bien los marcos jerárquicos tradicionales pueden tener limitaciones, proporcionan un valioso punto de partida para comprender la motivación humana. Las objeciones de los críticos han impulsado a los académicos a refinar y desarrollar las teorías motivacionales, dando lugar a marcos más matizados y completos. Abordar estas críticas ha animado a los investigadores a explorar modelos alternativos, como la integración de perspectivas cognitivas y la consideración de las influencias culturales en los paradigmas motivacionales.

5. La interacción entre la motivación y la emoción:

Las emociones desempeñan un papel crucial en la configuración de la dinámica motivacional de un individuo. La interacción entre la motivación y la emoción ha sido objeto de investigación científica y discurso filosófico desde hace mucho tiempo. Al explorar esta compleja relación, es esencial comprender la influencia que las emociones tienen en la motivación y viceversa. Las emociones pueden servir como poderosos catalizadores de la acción, impactando significativamente el estado motivacional de una persona. Por ejemplo, los sentimientos de alegría y entusiasmo pueden aumentar la motivación para perseguir objetivos y participar en actividades gratificantes, mientras que emociones como el miedo o la ansiedad pueden obstaculizarla, provocando conductas de evitación. Por otro lado, la orientación motivacional de una persona también puede influir en sus experiencias emocionales, moldeando su percepción y respuesta a diversos estímulos. La motivación puede modular la intensidad y la naturaleza de las respuestas emocionales, influyendo así en los procesos de toma de decisiones y el comportamiento. Comprender esta interconexión es fundamental para comprender el comportamiento humano y abordar las barreras motivacionales. Por ello, los investigadores han profundizado en los mecanismos neuronales que subyacen a la interacción entre la motivación y la emoción, arrojando luz sobre las vías y las regiones cerebrales implicadas. Esta exploración ha revelado el profundo impacto de los procesos neurobiológicos en la regulación de los estados motivacionales y emocionales. Además, la perspectiva evolutiva destaca la función adaptativa de esta interacción, enfatizando su papel en la mejora de la supervivencia y la promoción del bienestar. Asimismo, las diferencias culturales en la expresión y regulación de las emociones subrayan aún más la complejidad de esta relación. Los estudios transculturales dilucidan cómo las normas y los valores sociales moldean las experiencias emocionales y afectan las propensiones motivacionales. Es evidente que la naturaleza entrelazada de la motivación y la emoción permea diversos ámbitos, como la psicología, la neurobiología, la sociología y la antropología. El examen de escenarios del mundo real, como la dinámica laboral y los entornos educativos, proporciona una perspectiva de las implicaciones prácticas de comprender esta interacción.

6. Impacto de los contextos culturales en las perspectivas motivacionales:

La diversidad de normas, valores y sistemas de creencias culturales da lugar a marcos motivacionales distintivos que influyen en la percepción individual del éxito, los logros y la realización personal. Comprender estos matices culturales es esencial para comprender los diversos impulsores de la motivación en diferentes sociedades y grupos étnicos. Las diferencias culturales pueden influir en la jerarquía y la priorización de las necesidades: algunas culturas priorizan los objetivos colectivos y la armonía social, mientras que otras se inclinan por objetivos individualistas. Además, las prácticas culturales suelen determinar los medios a través de los cuales las personas buscan satisfacer sus necesidades, ya sea mediante esfuerzos colectivos o individuales. Estos factores culturales influyen profundamente en la interpretación y manifestación de las motivaciones, abarcando aspectos como la ambición, la perseverancia y las estructuras de recompensa. Asimismo, las expectativas sociales arraigadas en los contextos culturales influyen significativamente en la motivación individual, ya que la conformidad con las normas y roles sociales puede actuar como potentes motivadores o detractores. Es importante reconocer que las influencias culturales en la motivación no son estáticas, sino dinámicas y sujetas a cambios a lo largo del tiempo, en respuesta a los cambios sociales, económicos y globales. En este complejo entramado de diversidad cultural, resulta crucial que investigadores y profesionales aborden y comprendan la interacción entre la cultura y las perspectivas motivacionales. Al reconocer y respetar la multiplicidad de trasfondos culturales, las teorías e intervenciones motivacionales pueden adaptarse para conectar con poblaciones diversas, fomentando la inclusión y la relevancia. Reconocer el impacto de los contextos culturales en las perspectivas motivacionales tiene implicaciones de gran alcance, ya sea en la gestión organizacional, los entornos educativos o las políticas sociales más amplias.

7. Extensiones y adaptaciones modernas de las ideas de Maslow:

Con un creciente énfasis en el bienestar holístico y la búsqueda de la autorrealización, el discurso académico ha identificado numerosas extensiones y adaptaciones modernas de las ideas innovadoras de Maslow. Una extensión notable es la integración de la jerarquía de Maslow con el floreciente campo de la psicología positiva, que enfatiza las fortalezas y virtudes como componentes fundamentales del crecimiento y la realización personal. Este cambio de paradigma reconoce la tendencia intrínseca de las personas a buscar la excelencia más allá de la mera superación de las deficiencias.

El surgimiento de la psicología transcultural ha impulsado a los académicos a recalibrar el marco de Maslow en diversos contextos sociales, reconociendo que la priorización y la manifestación de las necesidades pueden variar significativamente entre culturas. Por ello, las adaptaciones modernas buscan explicar la influencia de los valores, las normas y los sistemas de creencias culturales en la motivación individual, enriqueciendo así la aplicabilidad y la relevancia de las teorías de Maslow en un mundo globalizado.

La era digital imperante ha generado nuevas interpretaciones de los conceptos de Maslow en el ámbito de la tecnología y la interacción virtual. Los investigadores han explorado cómo la proliferación de las redes sociales, las comunidades en línea y las realidades virtuales se relacionan con la satisfacción de las necesidades humanas, redefiniendo la dinámica de las conexiones interpersonales, la autoexpresión y el fortalecimiento de la autoestima. Estas adaptaciones analizan el impacto de las experiencias mediadas por la tecnología en la satisfacción de las necesidades superiores, arrojando luz sobre las posibles implicaciones para el bienestar psicológico y la autorrealización en una sociedad cada vez más digitalizada.

La investigación contemporánea también ha intentado conectar las teorías de Maslow con los hallazgos neurocientíficos, dilucidando los fundamentos neurobiológicos de los procesos motivacionales. La integración interdisciplinaria de la psicología y la neurociencia ha mejorado nuestra comprensión de los mecanismos fisiológicos que sustentan la motivación humana, revelando la interacción entre neurotransmisores, estructuras cerebrales y propensiones conductuales. Desde esta perspectiva, las extensiones modernas de las ideas de Maslow ofrecen una perspectiva integral, dilucidando los correlatos neuronales de la satisfacción de necesidades y la evaluación cognitiva en diversos contextos ambientales.

Además, la aplicación de las teorías de Maslow en los paradigmas de comportamiento organizacional y liderazgo ha aportado valiosas perspectivas para fomentar el compromiso, la innovación y la satisfacción laboral de los empleados. Al alinear las necesidades jerárquicas con la dinámica laboral, las adaptaciones contemporáneas han enfatizado el papel fundamental de la autonomía, el dominio y el propósito como impulsores de la motivación intrínseca, influyendo en el diseño de culturas organizacionales inclusivas y empoderadoras.

En definitiva, la evolución de las ideas de Maslow en el contexto contemporáneo ejemplifica su perdurable relevancia y adaptabilidad. Estas ampliaciones modernas no solo muestran la flexibilidad y el dinamismo de esta teoría seminal, sino que también subrayan su capacidad perdurable para ilustrar las complejidades de la motivación y la autorrealización humanas en un mundo en rápida evolución.

JERARQUÍA DE NECESIDADES - FUNDAMENTOS Y EVOLUCIÓN

Modelo jerárquico original

1. Principios básicos:

Los principios fundamentales del modelo de la Jerarquía de Necesidades explican la dinámica que sustenta la motivación y el comportamiento humanos. En esencia, este modelo postula que los individuos se rigen por una progresión de necesidades fundamentales que conforman una estructura jerárquica. Estas necesidades abarcan diversas facetas de la existencia humana, como los requerimientos fisiológicos, la seguridad, la pertenencia social, la autoestima y la autorrealización. Es fundamental para este marco el principio de que las necesidades de nivel inferior deben satisfacerse antes de que las de nivel superior puedan convertirse en el foco de la motivación individual. Esta disposición secuencial guía la comprensión de cómo los individuos buscan la realización y el crecimiento personal.

Un aspecto crucial del modelo de la Jerarquía de Necesidades reside en reconocer la universalidad innata de estas necesidades en diversas culturas y sociedades. Si bien las manifestaciones y expresiones específicas de estas necesidades pueden variar, los principios generales se aplican a toda la humanidad. Esto implica la existencia de una experiencia humana compartida y un impulso inherente hacia la superación y la realización personal. El reconocimiento de esta universalidad sienta las bases para la aplicabilidad y la relevancia del modelo en diversos contextos.

El modelo subraya la distinción entre necesidades de deficiencia y necesidades de crecimiento, ilustrando el cambio en el enfoque motivacional a medida que las personas progresan en la jerarquía. Las necesidades de deficiencia abarcan los requisitos de nivel inferior, como las necesidades fisiológicas y de seguridad, que motivan a las personas cuando no se satisfacen y pierden importancia una vez satisfechas. Por el contrario, las necesidades de crecimiento, en particular la autorrealización, representan la búsqueda del desarrollo personal, la plenitud y la realización del propio potencial. Esta diferenciación delinea el proceso transformador que va desde abordar las deficiencias hasta abrazar las aspiraciones y el crecimiento personal.

Los principios resaltan la interconexión dinámica entre las diferentes categorías de necesidades. El bienestar psicológico y la satisfacción individual dependen del equilibrio armonioso y la satisfacción de cada categoría de necesidades. Las disrupciones o desequilibrios dentro de la jerarquía pueden obstaculizar el bienestar general, provocando angustia y disonancia psicológica. Reconocer esta interacción es fundamental para comprender y abordar la naturaleza multifacética de la motivación y la satisfacción humanas.

2. Definición de categorías de necesidades:

Al examinar el modelo jerárquico original propuesto por Abraham Maslow, es esencial profundizar en una comprensión integral de las distintas categorías de necesidades que caracterizan la jerarquía. En la base de este marco conceptual se encuentran las necesidades fisiológicas, que abarcan los requisitos fundamentales para la supervivencia humana, como alimento, agua, refugio y descanso. A mayor nivel, la categoría de necesidades de seguridad abarca el deseo humano innato de un entorno seguro y estable, libre de amenazas físicas o psicológicas, que proporciona una sensación de previsibilidad en un mundo por lo demás incierto. Además, las necesidades de pertenencia social implican la inclinación inherente a formar vínculos significativos y mantener un sentido de aceptación y afiliación dentro de los grupos sociales, lo que enfatiza la importancia de las relaciones y los vínculos interpersonales para el bienestar individual.

La categoría de necesidades de estima engloba el impulso por obtener reconocimiento, respeto y una autoimagen positiva, abarcando tanto la autoestima interna como la validación externa de los demás. Finalmente, la categoría de autorrealización representa la cúspide de la jerarquía, representando la búsqueda del crecimiento personal, la realización del propio potencial y la realización de las aspiraciones y talentos intrínsecos. Cada una de estas categorías de necesidades desempeña un papel fundamental en la configuración del comportamiento humano, la motivación y el bienestar psicológico, contribuyendo colectivamente a la interacción que define la progresión jerárquica de las necesidades.

Es fundamental reconocer que la clasificación de las necesidades en categorías distintas no implica una progresión rígida y lineal, sino que reconoce la complejidad y variabilidad inherentes a la experiencia humana. Si bien la delimitación de las categorías de necesidades proporciona un marco estructurado para el análisis, es crucial reconocer la interconexión y la naturaleza dinámica de estas necesidades. Las experiencias humanas a menudo implican la activación simultánea de múltiples categorías de necesidades, lo que refleja la naturaleza matizada y multifacética de la motivación y la satisfacción humanas.

3. Interrelación entre los niveles de necesidades:

La interrelación entre los niveles de necesidades dentro del modelo jerárquico es un aspecto fundamental que subraya la naturaleza de la motivación y el comportamiento humanos. En esencia, el modelo jerárquico postula que los individuos están motivados para satisfacer necesidades específicas, las cuales se organizan en distintos niveles. Estos niveles están interconectados, y la satisfacción de las necesidades de orden superior depende de la satisfacción de las necesidades de nivel inferior.

La satisfacción de las necesidades fisiológicas sienta las bases para la búsqueda de necesidades de nivel superior. Por ejemplo, una persona que tiene dificultades para satisfacer sus necesidades fisiológicas básicas, como alimento y alojamiento, puede tener dificultades para alcanzar una sensación de seguridad y protección o para establecer vínculos sociales significativos. Por lo tanto, la incapacidad para satisfacer las necesidades de nivel inferior puede obstaculizar el progreso hacia la satisfacción de las necesidades de nivel superior.

La interrelación entre los niveles de necesidades también resalta la naturaleza holística del desarrollo y el bienestar humanos. Enfatiza que las personas buscan el equilibrio en múltiples dimensiones de su vida, incluyendo las físicas, emocionales y sociales. Esta interconexión subraya la importancia de abordar las diversas necesidades para promover el crecimiento y la realización integrales.

Además, la interacción entre los diferentes niveles de necesidades influye en el estado psicológico y la toma de decisiones de un individuo. La presencia de necesidades insatisfechas en un nivel puede generar mayor motivación y esfuerzos dirigidos a satisfacer dichas necesidades antes de avanzar hacia aspiraciones de mayor nivel. Este proceso dinámico muestra la fluidez y adaptabilidad de las motivaciones humanas a medida que los individuos atraviesan diversas circunstancias vitales.

Comprender la interrelación entre los niveles de necesidades proporciona información valiosa para las intervenciones y estrategias de apoyo destinadas a promover el bienestar y el desarrollo personal. Al reconocer la naturaleza interconectada de las necesidades, los profesionales y los responsables políticos pueden diseñar intervenciones específicas que aborden múltiples facetas de las necesidades de una persona, fomentando así resultados más integrales y sostenibles.

4. La naturaleza dinámica de la progresión jerárquica:

La naturaleza dinámica de la progresión jerárquica se refiere a la forma fluida e interconectada en que las personas avanzan a través de los distintos niveles de necesidad dentro de la jerarquía. Abarca la idea de que la satisfacción de las necesidades no es un proceso lineal ni puntual, sino un proceso continuo y evolutivo influenciado por las experiencias individuales, los factores ambientales y el crecimiento personal. En el centro de este concepto se encuentra la comprensión de que la posición de una persona dentro de la jerarquía puede fluctuar en función de las circunstancias cambiantes y el desarrollo interno.

Un aspecto de la progresión jerárquica es el concepto de satisfacción de necesidades y su impacto en las necesidades subsiguientes. A medida que las personas satisfacen sus necesidades fisiológicas básicas, progresan naturalmente hacia necesidades de nivel superior, como la seguridad, la pertenencia social, la autoestima y la autorrealización. Sin embargo, la satisfacción de una necesidad específica no garantiza su cumplimiento permanente; más bien, sienta las bases para la búsqueda de necesidades de nivel superior. Por ejemplo, si bien una persona puede experimentar una sensación de seguridad y protección en un entorno estable, la aspiración de conexión social y pertenencia puede surgir e impulsarla a buscar relaciones significativas y a participar en la comunidad.

La naturaleza dinámica de la progresión jerárquica reconoce el potencial de regresión dentro de la jerarquía. Factores estresantes externos, acontecimientos vitales o reveses personales pueden interrumpir la satisfacción de las necesidades de nivel superior, provocando que las personas recurran temporalmente a atender las necesidades de deficiencia de nivel inferior. Este fenómeno pone de relieve la maleabilidad de las necesidades humanas y la trayectoria no lineal de la progresión dentro de la jerarquía. Por ejemplo, una persona que se enfrenta a la pérdida del empleo o a la inestabilidad financiera podría cambiar su enfoque de la autorrealización a restablecer una base sólida, priorizando el empleo y la estabilidad financiera.

La naturaleza dinámica de la progresión jerárquica se ve condicionada por la influencia de factores externos, como las normas culturales, las expectativas sociales y las influencias ambientales. La singular combinación de variables individuales y contextuales contribuye a las diversas maneras en que las personas gestionan su jerarquía de necesidades, destacando la interacción entre las motivaciones internas y los determinantes externos. Por ejemplo, los valores culturales y las estructuras sociales pueden influir significativamente en la priorización de necesidades específicas, influyendo en el ritmo y la trayectoria de la progresión de una persona dentro de la jerarquía.

Comprender la naturaleza dinámica de la progresión jerárquica ofrece valiosas perspectivas para los profesionales de la psicología, la consejería y el desarrollo humano. Al reconocer la naturaleza no lineal y evolutiva de la satisfacción de necesidades, los profesionales pueden adaptar las intervenciones y los sistemas de apoyo para adaptarse a las complejas y variadas trayectorias de las jerarquías de necesidades de las personas. Enfatizar los aspectos dinámicos de la progresión jerárquica puede fundamentar los enfoques terapéuticos, las estrategias organizacionales y los marcos educativos, fomentando una comprensión más holística y adaptable de la motivación y la realización personal.

5. Representación visual de la pirámide:

Maslow introdujo el icónico diagrama piramidal para ilustrar la naturaleza jerárquica de las necesidades humanas, donde las necesidades de nivel inferior forman la base de la pirámide y las de nivel superior se sitúan en la cúspide. Esta representación visual proporciona un marco claro e intuitivo para comprender la progresión jerárquica de las necesidades.

En la base de la pirámide se encuentran las necesidades fisiológicas, que sirven de base para todas las necesidades de orden superior. Por encima de esta base, se representan las necesidades de seguridad y protección, seguidas de las necesidades de pertenencia social y estima. En la cúspide de la pirámide se encuentra la necesidad de autorrealización, que simboliza la búsqueda del máximo potencial y la realización personal.

La representación visual de la jerarquía de necesidades transmite la interconexión inherente y la naturaleza secuencial de la satisfacción de estas necesidades. Resalta la idea fundamental de que las personas deben satisfacer las necesidades de nivel inferior antes de progresar hacia las de orden superior. Además, la estructura jerárquica enfatiza la naturaleza dinámica y evolutiva de la motivación humana, mostrando el esfuerzo continuo por el crecimiento y la autorrealización.

Este diagrama piramidal constituye una herramienta poderosa para investigadores, psicólogos y educadores a la hora de dilucidar la compleja interacción de las necesidades humanas. Ayuda a articular visualmente los componentes esenciales del modelo jerárquico, facilitando una comprensión más profunda de los principios psicológicos que sustentan el comportamiento y la motivación humanos.

La representación visual de la pirámide ha trascendido los círculos académicos y se ha aplicado ampliamente en diversos ámbitos. En entornos organizacionales, se ha utilizado para diseñar programas de bienestar laboral e iniciativas de desarrollo de liderazgo, reconociendo la importancia de abordar los diversos niveles de necesidades en el entorno laboral.

A medida que la tecnología y la comunicación evolucionan, el modelo piramidal se ha adaptado a formatos digitales, presentaciones interactivas y recursos educativos, lo que permite una mayor accesibilidad y difusión de sus ideas. Esta representación visual sigue siendo un símbolo atemporal de la aspiración y el potencial humanos, inspirando a las personas a reconocer y esforzarse por satisfacer sus necesidades multidimensionales.

6. El papel de las necesidades de deficiencia:

Las necesidades de deficiencia representan los aspectos fundamentales de la jerarquía, abarcando los requisitos fundamentales para el bienestar físico y psicológico de una persona. En este nivel, la atención se centra principalmente en abordar los déficits y mantener la estabilidad en áreas clave de la vida. Estas necesidades, como las explicó Maslow, incluyen requisitos fisiológicos como alimento, agua y descanso, así como necesidades de seguridad relacionadas con la estabilidad personal y financiera. La búsqueda de pertenencia social y estima también se enmarca en el ámbito de las necesidades de deficiencia, ya que las personas buscan la aceptación, la amistad y el reconocimiento de los demás. Un aspecto crucial de las necesidades de deficiencia es su impacto inmediato en la motivación y el comportamiento de una persona. Cuando estas necesidades no se satisfacen, pueden ejercer una poderosa influencia, impulsando a las personas a esforzarse por satisfacerlas a toda costa. La ausencia de estos elementos fundamentales puede generar una sensación de privación, ansiedad o inseguridad, lo que obliga a las personas a priorizar su satisfacción por encima de cualquier otra búsqueda. Es esencial reconocer que las necesidades de deficiencia no desaparecen una vez satisfechas; más bien, forman el contexto en el que surgen necesidades de crecimiento de nivel superior. Sin embargo, no abordar adecuadamente las necesidades de deficiencia puede impedir el progreso de una persona hacia la autorrealización y una mayor realización personal. Además, comprender y atender estas necesidades es fundamental en numerosos contextos del mundo real, como las intervenciones terapéuticas, la gestión organizacional y las políticas sociales.

7. Necesidades de crecimiento y autorrealización:

Las necesidades de crecimiento y la autorrealización representan la cúspide del modelo jerárquico, encarnando las aspiraciones más elevadas del potencial humano. En este nivel, las personas se ven impulsadas por un deseo innato de crecimiento personal, realización personal y la realización de sus habilidades y talentos únicos. La autorrealización abarca la búsqueda continua de metas y experiencias significativas que promueven un profundo sentido de propósito y autenticidad en la vida. Este segmento de la jerarquía se caracteriza por una motivación intrínseca para ampliar el conocimiento, buscar la expresión creativa y participar en un profundo autodescubrimiento.

El concepto de autorrealización introduce la idea de alcanzar la plenitud de uno mismo, trascendiendo la mera supervivencia o las ganancias materiales. Quienes se esfuerzan por alcanzar la autorrealización se ven impulsados por una profunda curiosidad y una búsqueda incesante de la excelencia, lo que a menudo conduce a contribuciones revolucionarias en diversos ámbitos del quehacer humano. Esta búsqueda de la autorrealización está profundamente interconectada con la exploración de la propia identidad y la armonización de valores, creencias y acciones.

Las necesidades de crecimiento abarcan el impulso de superación personal continua y el cultivo de comportamientos positivos y adaptativos. Estas necesidades inspiran a las personas a buscar nuevos desafíos, aprovechar las oportunidades de desarrollo personal y fomentar una mentalidad resiliente que impulsa el crecimiento continuo. Aceptar las necesidades de crecimiento implica un compromiso con el aprendizaje permanente, la disposición a afrontar los obstáculos con determinación y una creencia inquebrantable en la capacidad de cambio y transformación.

La búsqueda de la autorrealización y las necesidades de crecimiento representa una dimensión vital del desarrollo humano, trascendiendo las necesidades básicas de supervivencia y seguridad. A medida que las personas ascienden a los niveles superiores de la jerarquía, se ven impulsadas por una aspiración innata a desarrollar todo su potencial y realizar contribuciones significativas a la sociedad. La satisfacción de las necesidades de crecimiento y la autorrealización no solo enriquece la vida de las personas, sino que también impulsa el progreso y la innovación social.

Necesidades fisiológicas:

1. Introducción:

Las necesidades fisiológicas son los requisitos fundamentales para la supervivencia y el bienestar humanos, y constituyen la base de la reconocida jerarquía de necesidades de Maslow. Este modelo jerárquico define varios niveles de necesidades humanas, siendo las fisiológicas el nivel principal sobre el que se basan todas las necesidades subsiguientes. Para comprender la importancia de las necesidades fisiológicas en la teoría jerárquica, es fundamental reconocer su profunda influencia en el comportamiento y la motivación humanos. En el centro de este concepto se encuentra la noción de que, sin la satisfacción de las necesidades fisiológicas, los individuos son incapaces de progresar hacia aspiraciones superiores.

La afirmación de Maslow sobre la importancia de las necesidades fisiológicas se deriva de su naturaleza elemental para el sustento de la vida humana. Estas necesidades abarcan los elementos esenciales para el mantenimiento de las funciones corporales y la mera existencia del individuo. La adquisición de alimento, agua, refugio, descanso y otras necesidades básicas representa imperativos primordiales que sustentan la vida diaria. Sin estos requisitos, las personas se ven consumidas por la búsqueda incesante de satisfacer estas necesidades básicas, eclipsando así cualquier inclinación hacia el crecimiento, la autorrealización o la realización de aspiraciones superiores.

La relación intrínseca entre las necesidades fisiológicas y la motivación es inequívoca. Cuando las necesidades fisiológicas no se satisfacen, las personas se ven impulsadas por un impulso innato de asegurarlas por encima de todo. Este impulso intrínseco se manifiesta en comportamientos dirigidos a adquirir alimento, buscar refugio o satisfacer otras necesidades fundamentales esenciales para la supervivencia. Por lo tanto, las necesidades fisiológicas constituyen la piedra angular sobre la que se asienta la motivación humana, moldeando los comportamientos y las decisiones en la búsqueda del sustento y la supervivencia.

La importancia de las necesidades fisiológicas trasciende la psicología individual y abarca las implicaciones sociales. La escasez o la privación de los recursos necesarios para satisfacer las necesidades fisiológicas puede desencadenar malestar social, conflicto y competencia, como se observa en contextos donde el acceso a las necesidades básicas es limitado. Comprender y abordar el impacto de las necesidades fisiológicas a nivel social es fundamental para fomentar la estabilidad, la igualdad y el bienestar social.

2. La importancia de las necesidades fisiológicas en la teoría jerárquica:

A medida que las personas se esfuerzan por satisfacer sus necesidades fisiológicas, esta búsqueda influye significativamente en sus procesos cognitivos y emocionales, lo que en última instancia repercute en su bienestar general. La importancia de las necesidades fisiológicas dentro de la teoría jerárquica reside en su capacidad para impulsar la acción humana e influir en los resultados de la vida. Al reconocer la importancia de estas necesidades, académicos y profesionales obtienen conocimientos profundos para comprender y abordar diversos aspectos del comportamiento, la motivación y el desarrollo humanos. Además, comprender la importancia de las necesidades fisiológicas proporciona una base sólida para comprender la interacción entre los instintos básicos de supervivencia y factores psicológicos y sociales más complejos. Esta perspectiva ofrece un marco integral para abordar una gran variedad de desafíos sociales, desde la pobreza y la falta de vivienda hasta las disparidades en la atención médica y la formulación de políticas públicas. Asimismo, reconocer la importancia de las necesidades fisiológicas subraya la naturaleza universal de estas fuerzas motivadoras en diversos contextos culturales, geográficos y socioeconómicos. En consecuencia, impulsa una exploración de la interconexión de la humanidad y fomenta la empatía y la compasión al tratar con personas y comunidades que lidian con necesidades fisiológicas insatisfechas. Cabe destacar que la importancia de las necesidades fisiológicas en la teoría jerárquica trasciende los ámbitos teóricos y extiende su impacto a aplicaciones prácticas en campos como la educación, la atención médica, la gestión organizacional y el bienestar público. Enfatiza la importancia de abordar estos requisitos básicos para facilitar el crecimiento y el desarrollo integral tanto de las personas como de las comunidades. En definitiva, el reconocimiento del papel fundamental de las necesidades fisiológicas en la Jerarquía de Necesidades constituye un llamado de atención, intervención y responsabilidad colectiva para garantizar que todas las personas tengan acceso adecuado a los elementos fundamentales necesarios no solo para la supervivencia, sino también para vivir una vida digna, plena y con sentido.

3. Imperativos biológicos:

Los imperativos biológicos representan los impulsos fundamentales inherentes a nuestra constitución genética, que nos impulsan a cumplir con los requisitos esenciales para la vida. Desde una perspectiva fisiológica, los mecanismos del cuerpo operan en sinergia para garantizar el cumplimiento de estos imperativos, salvaguardando así nuestra existencia. Un aspecto crucial de los imperativos biológicos es la respuesta instintiva a los estímulos internos y externos, que a menudo desencadena reacciones fisiológicas automáticas destinadas a preservar la vida. Este mecanismo primitivo, pero indispensable, ha evolucionado a lo largo de milenios y sigue desempeñando un papel fundamental en nuestra supervivencia actual. Comprender las complejidades de estos imperativos proporciona una profunda comprensión de la resiliencia y la adaptabilidad de la especie humana. Además, arroja luz sobre la poderosa influencia que ejercen estos impulsos primarios en nuestros pensamientos, comportamientos y respuestas emocionales en diversas situaciones de supervivencia. Al profundizar en los imperativos biológicos, obtenemos un conocimiento invaluable sobre la naturaleza adaptativa del organismo humano, así como sobre los procesos subyacentes que rigen nuestras decisiones y acciones en entornos desafiantes. Explorar la interacción entre las predisposiciones genéticas y los factores ambientales dilucida aún más la naturaleza dinámica de estos imperativos, ofreciendo una comprensión integral de su impacto en la supervivencia humana. Es fundamental reconocer que la importancia de los imperativos biológicos va más allá del mero sustento, abarcando facetas como las respuestas de lucha o huida, los comportamientos instintivos de caza y recolección, y la regulación de las funciones corporales vitales necesarias para prosperar en diversos entornos ecológicos. En consecuencia, comprender a fondo estos imperativos nos proporciona una comprensión más completa de los robustos mecanismos fisiológicos que sustentan nuestra capacidad de supervivencia y adaptación en condiciones adversas. El estudio de los imperativos biológicos reviste una enorme relevancia no solo en los campos de la psicología y la biología, sino también para comprender mejor la resiliencia y la perseverancia humanas frente a la adversidad.

4. Nutrición e hidratación:

Los elementos esenciales para el sustento, que abarcan la nutrición y la hidratación, son componentes fundamentales de las necesidades fisiológicas de una persona. La nutrición se refiere a la ingesta de alimentos que aportan los nutrientes esenciales necesarios para las funciones corporales y el bienestar general. Sirve como combustible para los procesos metabólicos del cuerpo, asegurando el correcto funcionamiento de los órganos y sistemas vitales. La hidratación, por otro lado, se refiere al consumo de agua, un componente fundamental de la existencia humana. Una hidratación adecuada es imperativa para mantener las funciones corporales óptimas y favorecer diversos procesos fisiológicos. Tanto la nutrición como la hidratación desempeñan un papel fundamental en el mantenimiento de la vida y la promoción de la salud. La nutrición asegura el aporte de macronutrientes esenciales como carbohidratos, proteínas y grasas, así como de micronutrientes como vitaminas y minerales. Estos elementos son indispensables para el crecimiento celular, la reparación y la producción de energía en el cuerpo. Además, una dieta equilibrada que incluya diversas fuentes de nutrientes es fundamental para prevenir la desnutrición y las complicaciones de salud asociadas.

De igual manera, la hidratación es fundamental para mantener la función celular y facilitar las actividades metabólicas. El agua actúa como medio para transportar nutrientes, regular la temperatura corporal y eliminar desechos. La falta de una hidratación adecuada puede provocar deshidratación, lo que tiene efectos adversos en la función cognitiva, el rendimiento físico y el bienestar general. Dada la importancia de la nutrición y la hidratación para satisfacer las necesidades fisiológicas, es fundamental cultivar hábitos que promuevan una ingesta dietética y un consumo de líquidos saludables y equilibrados. La educación sobre el valor nutricional de los diferentes grupos de alimentos y los beneficios de una hidratación adecuada es crucial para fomentar decisiones informadas y prácticas sostenibles. Además, los factores culturales y sociales influyen en las preferencias dietéticas y los patrones de alimentación, lo que pone de relieve la necesidad de enfoques personalizados para promover la nutrición y la hidratación.

Si bien el acceso a alimentos nutritivos y agua potable se reconoce como un derecho humano fundamental, persisten disparidades en la seguridad alimentaria y la disponibilidad de agua a nivel mundial. Abordar estas disparidades requiere esfuerzos concertados enfocados en mejorar las prácticas agrícolas, promover sistemas alimentarios sostenibles y garantizar una distribución equitativa de los recursos. De igual manera, las iniciativas destinadas a mejorar el acceso al agua potable y a las instalaciones de saneamiento son fundamentales para mitigar los desafíos relacionados con el agua. Además, concienciar sobre el impacto de los hábitos alimentarios y el consumo de agua en la salud individual y el bienestar comunitario es esencial para impulsar cambios de comportamiento y promover intervenciones políticas.

5. Refugio - Protección contra los elementos ambientales:

El refugio abarca la protección contra elementos ambientales como temperaturas extremas, precipitaciones y desastres naturales. La importancia del refugio como necesidad humana básica ha sido reconocida a lo largo de la historia, y diversos contextos culturales y geográficos han influido en sus formas y funciones. Ya sea un techo resistente o un refugio contra las inclemencias del tiempo, el concepto de refugio trasciende las meras estructuras físicas para abarcar una sensación de seguridad y comodidad. En tiempos de crisis o desplazamiento, la ausencia de un refugio adecuado puede provocar un profundo sufrimiento físico y psicológico, lo que pone de relieve su carácter indispensable para fomentar la resiliencia y la estabilidad humanas.

El diseño y la construcción de refugios han evolucionado con el tiempo, influenciados por los avances en arquitectura, ingeniería y ciencia de los materiales. También se hace cada vez más hincapié en soluciones de alojamiento sostenibles y resilientes que consideren el impacto ecológico y la viabilidad a largo plazo. Además, la disponibilidad y accesibilidad de los refugios están intrínsecamente vinculadas a factores sociales más amplios, como la planificación urbana, las políticas de vivienda y las disparidades socioeconómicas. Esta interconexión subraya la importancia de abordar las necesidades de alojamiento en el marco más amplio de la equidad social y los derechos humanos.

Además de su función de protección inmediata, el refugio contribuye a la preservación de la salud y el bienestar al ofrecer un entorno propicio para el descanso y la recuperación. Un refugio adecuado facilita la regulación térmica, minimizando la exposición a temperaturas extremas y protegiendo a las personas de golpes de calor o hipotermia. Además, sirve como refugio para mantener la higiene y el saneamiento personal, reduciendo así el riesgo de transmisión de enfermedades y promoviendo el bienestar físico general. La provisión de refugios seguros es particularmente vital en la gestión de desastres y las labores de socorro humanitario, donde el rápido despliegue de refugios temporales puede mitigar significativamente el impacto de las emergencias en las poblaciones afectadas.

El refugio está entrelazado con los aspectos psicológicos y emocionales de la experiencia humana. Un lugar al que llamar hogar, ya sea temporal o permanente, fomenta un sentido de pertenencia, identidad y estabilidad. Proporciona un refugio para que las familias y las comunidades se vinculen, interactúen y prosperen, fomentando las conexiones sociales y las redes de apoyo. Por ello, la importancia del refugio va mucho más allá de sus atributos tangibles, abarcando cualidades intangibles que enriquecen la experiencia humana y contribuyen al bienestar integral.

6. Salud y bienestar:

El concepto de salud y bienestar abarca un amplio espectro de factores que contribuyen al estado físico general de una persona. En el contexto de la Jerarquía de Necesidades de Maslow, la consecución del equilibrio fisiológico depende fundamentalmente de la condición física del individuo. La salud física de una persona incide directamente en su capacidad para satisfacer imperativos biológicos básicos, ejerciendo así una influencia significativa en la satisfacción de sus necesidades superiores.

La condición física abarca no solo la ausencia de enfermedades o lesiones, sino también la funcionalidad óptima de los diversos sistemas corporales. Abarca el funcionamiento armonioso de los sistemas cardiovascular, respiratorio, gastrointestinal, musculoesquelético y neurológico, entre otros. Además, el bienestar psicológico está íntimamente ligado a la salud física, ya que la estabilidad mental y emocional a menudo depende del equilibrio biológico del cuerpo.

Desde una perspectiva psicofisiológica, la condición física de una persona influye profundamente en sus experiencias cotidianas, incluyendo la motivación, los niveles de energía y las capacidades cognitivas. Unas reservas de energía suficientes, derivadas de una buena salud física, constituyen la base para participar en actividades esenciales para la supervivencia y el crecimiento. Por el contrario, una condición física deteriorada puede impedir que una persona alcance metas y aspiraciones ambiciosas, lo que podría dificultar su camino hacia la autorrealización.

La salud y el bienestar son la piedra angular de la resiliencia frente a los desafíos y factores estresantes. Una persona con una salud física sólida está mejor preparada para resistir las adversidades y recuperarse de los reveses, fomentando así un sentido de empoderamiento y autonomía. La relación entre la condición física y la resiliencia subraya la naturaleza indispensable de la salud en el modelo jerárquico de necesidades, ya que las personas deben atender primero su bienestar fisiológico para cultivar la capacidad de autorrealización.

En la sociedad moderna, la búsqueda de la salud y el bienestar trasciende el mero instinto de supervivencia; abarca la aspiración a la vitalidad, la longevidad y la calidad de vida. La integración de prácticas de salud preventiva, una nutrición equilibrada, el ejercicio regular y las técnicas de mindfulness refleja un reconocimiento colectivo del profundo impacto del bienestar físico en el desarrollo humano general. Además, los avances en la ciencia y la tecnología médicas han ampliado el alcance de las posibles intervenciones para optimizar y preservar la condición física, ofreciendo oportunidades sin precedentes para que las personas fortalezcan sus bases fisiológicas para el desarrollo personal.

7. Dormir:

El sueño es un componente fundamental de la existencia humana, actuando como un mecanismo vital para el descanso y la recuperación. Dentro del marco de la jerarquía de necesidades, el sueño desempeña un papel crucial para que las personas alcancen y mantengan un funcionamiento físico y cognitivo óptimo.

Desde una perspectiva biológica, el sueño es un período crucial para la reparación y regeneración del cuerpo. Durante el sueño, el cuerpo experimenta procesos esenciales como la reparación de tejidos, el crecimiento muscular y la liberación de hormonas de crecimiento, todos los cuales contribuyen al bienestar físico general. Además, un sueño adecuado está estrechamente vinculado a diversos aspectos de la función inmunitaria, el metabolismo y la salud cardiovascular, lo que subraya su innegable importancia para mantener la homeostasis.

Más allá de sus implicaciones fisiológicas, el sueño también ejerce profundos efectos sobre la función cognitiva y la regulación emocional. Las investigaciones han demostrado que un sueño adecuado es esencial para procesos cognitivos como la consolidación de la memoria, la atención, la resolución de problemas y la toma de decisiones. Además, la falta de sueño suficiente puede provocar un deterioro de la regulación emocional, una mayor reactividad al estrés y una mayor susceptibilidad a los trastornos del estado de ánimo. Comprender la compleja interacción entre el sueño y el bienestar mental es fundamental para comprender el papel integral del sueño en la jerarquía de necesidades.

En la sociedad contemporánea, la importancia del sueño se ha visto subrayada por la creciente evidencia que vincula la falta de sueño con diversos efectos perjudiciales. Factores como los avances tecnológicos, los horarios laborales exigentes y el estilo de vida han contribuido a una creciente prevalencia de la insuficiencia de sueño. En consecuencia, abordar la importancia del sueño ha recibido cada vez más atención en las iniciativas de salud pública, lo que pone de relieve la necesidad de estrategias integrales para promover hábitos de sueño saludables.

8. Homeostasis:

Una de las necesidades fisiológicas fundamentales dentro de la jerarquía es el mantenimiento de la homeostasis, un aspecto crucial para la vida y el bienestar. La homeostasis se refiere a la capacidad del cuerpo para regular y mantener condiciones internas estables, a pesar de los cambios o desafíos externos. Este proceso involucra diversos mecanismos biológicos que trabajan en conjunto para garantizar que el entorno interno del cuerpo se mantenga equilibrado y óptimo para su funcionamiento. Desde la regulación de la temperatura hasta el equilibrio hídrico, el cuerpo orquesta una sinfonía de procesos para mantener la homeostasis.

En el núcleo de la homeostasis se encuentra el concepto de bucles de retroalimentación. Estos bucles involucran receptores que detectan cambios en el entorno interno, como fluctuaciones en la temperatura corporal o los niveles de azúcar en sangre. Al detectar estos cambios, los receptores envían señales al centro de control, generalmente el cerebro o glándulas específicas, que inician las respuestas adecuadas para contrarrestar las desviaciones y restablecer el equilibrio. Este ciclo continuo de monitoreo, procesamiento y respuesta es esencial para mantener la estabilidad interna.

La regulación de la temperatura ejemplifica la importancia de la homeostasis. Cuando el cuerpo se expone a calor extremo, las glándulas sudoríparas especializadas secretan sudor sobre la piel, lo que facilita el enfriamiento por evaporación y ayuda a reducir la temperatura corporal. Por el contrario, en ambientes fríos, los vasos sanguíneos se contraen para conservar el calor y prevenir la hipotermia. Estas notables adaptaciones demuestran cómo el cuerpo se ajusta a las condiciones externas, todo ello en busca de mantener el equilibrio interno.

La homeostasis va más allá del control de la temperatura; abarca la regulación de los niveles de glucosa, las concentraciones de electrolitos, la presión arterial y el pH. Por ejemplo, el sistema endocrino desempeña un papel fundamental en el mantenimiento de la homeostasis mediante la secreción hormonal, lo que influye en las actividades metabólicas, el crecimiento y el equilibrio energético. La sinergia entre órganos, tejidos y células contribuye colectivamente a la capacidad del cuerpo para mantener un equilibrio interno que favorezca una función fisiológica óptima.

En la era moderna, numerosos factores pueden afectar la homeostasis, desde estilos de vida estresantes y patrones de sueño erráticos hasta dietas desequilibradas y comportamientos sedentarios. Estas alteraciones pueden afectar la capacidad del cuerpo para mantener la estabilidad interna, lo que conlleva diversas consecuencias para la salud. Comprender la importancia de la homeostasis para abordar los desafíos contemporáneos es fundamental, ya que subraya la relevancia de los hábitos de vida saludables y las consideraciones ambientales para promover el bienestar general. Al fomentar hábitos que priorizan la homeostasis, las personas pueden fortalecer su resiliencia ante las exigentes exigencias de la vida moderna. Lograr y preservar el equilibrio homeostático no solo mantiene la salud física, sino que también fomenta el equilibrio mental y emocional, sentando las bases para un enfoque holístico del bienestar.

Seguridad y protección

1. Seguridad en el marco jerárquico:

La seguridad y la protección encapsulan la necesidad humana básica de protección contra daños y de bienestar. En el marco jerárquico, las necesidades de seguridad emergen como prerrequisitos fundamentales para el equilibrio psicológico y fisiológico del individuo, conformando el segundo nivel de la pirámide de necesidades. Estas necesidades abarcan diversas dimensiones, como la seguridad física, la seguridad emocional, la estabilidad financiera y la salud general. Comprender y definir la seguridad dentro de este marco es crucial para comprender la compleja interacción entre los factores externos y el bienestar interno.

En esencia, la seguridad va más allá de la ausencia de peligro físico; se extiende a la presencia de condiciones que fomentan la paz mental y una sensación de estabilidad. Cuando las personas se sienten seguras en su entorno, pueden concentrarse mejor en satisfacer necesidades más importantes, como las conexiones sociales y la autorrealización. Ya sea en lo que respecta a la vivienda, el acceso a la atención médica o la protección contra la violencia, la seguridad constituye la base sobre la que las personas pueden construir y progresar en otras áreas de su vida.

En el contexto del marco jerárquico, las necesidades de seguridad están intrínsecamente ligadas al cumplimiento de los requisitos fisiológicos. Esta integración es evidente al considerar la importancia fundamental de la buena salud y el bienestar para facilitar la sensación de seguridad. La ausencia de enfermedad o malestar físico es indispensable para que las personas perciban su entorno como seguro y propicio para su existencia sostenible. En consecuencia, estas interdependencias subrayan la relación entre la seguridad y las necesidades fisiológicas subyacentes, reforzando el papel integral de la seguridad en el espectro más amplio del desarrollo humano.

Dentro del marco jerárquico, la seguridad no se limita al bienestar personal; se extiende a la esfera colectiva, abarcando la necesidad de un orden social y una gobernanza que fomente la estabilidad. Este concepto subraya la importancia de los mecanismos institucionales, las leyes y las regulaciones para proporcionar un entorno estructurado donde las personas puedan sentir seguridad. Ya sea mediante medidas de seguridad pública o marcos legislativos destinados a proteger a los ciudadanos, el contexto social más amplio desempeña un papel fundamental para abordar las necesidades de seguridad de las personas y las comunidades.

2. Seguridad física:

En el contexto de la Jerarquía de Necesidades de Maslow, la seguridad física se refiere a la satisfacción de las necesidades básicas para el sustento y el desarrollo físico. Esto incluye el acceso a una nutrición adecuada, agua potable, alojamiento y servicios de salud. Garantizar la seguridad física abarca tanto medidas preventivas proactivas como intervenciones reactivas para abordar los problemas de salud. El vínculo entre la seguridad física y la estabilidad general es indiscutible, ya que constituye la base sobre la que se pueden satisfacer las necesidades de nivel superior.

La salud y el bienestar son componentes esenciales de la seguridad física. Las personas necesitan gozar de buena salud para funcionar óptimamente en otras áreas de su vida. El acceso a servicios de salud de calidad desempeña un papel fundamental en la promoción y el mantenimiento de la seguridad física. Esto implica no solo la disponibilidad de instalaciones y profesionales médicos, sino también la asequibilidad y la distribución equitativa de los recursos sanitarios. Además, el concepto de bienestar va más allá de la simple ausencia de enfermedades; abarca aspectos mentales, emocionales y sociales que contribuyen a una sensación holística de seguridad.

El impacto de la seguridad física en la prosperidad individual y colectiva es innegable. Sin una protección adecuada para la salud y el bienestar, las personas se enfrentan a obstáculos para alcanzar su potencial y alcanzar aspiraciones más elevadas. Además, las comunidades y las sociedades en general se ven afectadas por las repercusiones de una seguridad física comprometida, lo que conlleva una menor productividad, un aumento de los costos de la atención médica y disparidades sociales.

Para lograr la seguridad física, es fundamental considerar factores como la sostenibilidad ambiental, las políticas de salud pública y la infraestructura comunitaria. Esto requiere esfuerzos multifacéticos que abarquen la educación, la promoción y la formulación de políticas para abordar los desafíos sistémicos y promover el acceso equitativo a los recursos. Además, fomentar una cultura de medidas preventivas de salud y promover estilos de vida saludables contribuye significativamente a mejorar la seguridad física en poblaciones diversas.

En general, prestar atención a la seguridad física, especialmente en la esfera de la salud y el bienestar, es fundamental para establecer una base estable para que las personas y las comunidades progresen hacia el cumplimiento de su seguridad y sus necesidades de orden superior.

3. Estabilidad a través del empleo y los recursos:

La consecución de un empleo estable proporciona a las personas una sensación de seguridad financiera, estabilidad y previsibilidad, elementos esenciales para satisfacer las necesidades básicas de supervivencia. Además, la disponibilidad de recursos como alimento, vivienda y atención médica contribuye significativamente al bienestar general de una persona y a su capacidad para sentirse segura en su entorno.

La naturaleza de la ocupación puede tener efectos profundos en la sensación de seguridad. Un trabajo estable con una remuneración adecuada no solo satisface la necesidad fisiológica de sustento, sino que también fomenta el sentido de pertenencia, la autoestima y la autorrealización mediante la satisfacción de necesidades de nivel superior, como las conexiones sociales, el reconocimiento y el crecimiento personal. Por el contrario, la inestabilidad laboral o el desempleo pueden generar sentimientos de vulnerabilidad, incertidumbre y disminución de la autoestima, lo que dificulta el progreso hacia la satisfacción de necesidades de nivel superior.

Además del empleo, el acceso a recursos esenciales es fundamental para establecer y mantener un entorno seguro. Una vivienda adecuada, una alimentación nutritiva y una atención médica confiable son requisitos fundamentales para garantizar la seguridad física y el bienestar. La falta de acceso a estos recursos puede crear barreras que impiden que las personas se sientan seguras, lo que puede provocar un mayor estrés, ansiedad y una menor capacidad para concentrarse en satisfacer necesidades de orden superior.

El papel del apoyo gubernamental y comunitario para facilitar el acceso a estos recursos es fundamental. Fortalecidas por políticas públicas y programas de bienestar social, las comunidades pueden actuar como una red de seguridad, ofreciendo asistencia a quienes enfrentan inseguridad financiera, falta de vivienda o atención médica inadecuada. Las redes de apoyo permiten a las personas gestionar circunstancias difíciles fomentando la resiliencia y promoviendo un sentido de responsabilidad colectiva para garantizar la seguridad de todos los miembros de la sociedad.

Las iniciativas que promueven la estabilidad económica, el desarrollo de habilidades y el avance profesional contribuyen significativamente a fortalecer la seguridad de las personas y las comunidades. Al brindar a las personas los medios para acceder a un empleo remunerado y a recursos, las sociedades pueden mejorar el bienestar general y fomentar una sensación de seguridad, allanando el camino para la búsqueda de aspiraciones superiores y la autorrealización.

La interacción entre el empleo estable, el acceso a recursos y el sistema de apoyo social más amplio establece un marco sólido para que las personas aborden sus necesidades de seguridad. Al reconocer y abordar estos elementos fundamentales, las personas pueden progresar con mayor eficacia hacia el logro de su máximo potencial dentro de la Jerarquía de Maslow, sentando una base sólida para alcanzar niveles posteriores de crecimiento psicológico y autorrealización.

4. El papel de la familia y la comunidad en la provisión de seguridad:

Dentro de la unidad familiar, las personas a menudo encuentran una base sólida para su seguridad. El entorno familiar, cuando brinda apoyo y cariño, puede servir como un refugio donde las personas se sienten protegidas y cuidadas. Esta seguridad emocional proporciona una sensación de estabilidad crucial para el bienestar psicológico. Además, la unidad familiar contribuye a la satisfacción de necesidades básicas como refugio, alimento y orientación, todas ellas esenciales para mantener un estilo de vida seguro y estable.

La comunidad también desempeña un papel fundamental para garantizar la seguridad de sus miembros. Cuando las comunidades priorizan las medidas de seguridad, crean redes de apoyo y fomentan una cultura de inclusión, sus miembros experimentan una mayor sensación de seguridad. La cohesión social y el apoyo mutuo entre los miembros de la comunidad pueden contribuir significativamente a un entorno donde las personas se sienten más seguras y conectadas, satisfaciendo así sus necesidades de seguridad.

Las prácticas y tradiciones culturales dentro de las comunidades suelen contar con mecanismos para brindar seguridad y estabilidad. Estos pueden abarcar desde sistemas de apoyo informales hasta organizaciones comunitarias más formales que buscan proteger y mantener el bienestar de sus miembros. Estas iniciativas no solo abordan cuestiones prácticas relacionadas con la seguridad, sino que también promueven un sentido de pertenencia y confianza, elementos fundamentales para satisfacer las necesidades de seguridad.

En tiempos de crisis o adversidad, el apoyo familiar y comunitario influye significativamente en la capacidad de una persona para afrontar desafíos e incertidumbres. Como seres sociales, los seres humanos buscamos intrínsecamente la conexión y el apoyo de los demás, y las estructuras familiares y comunitarias son las principales fuentes de dicho apoyo. Al fomentar entornos que priorizan la seguridad y el bienestar, las familias y las comunidades contribuyen a la satisfacción integral de las necesidades de seguridad y protección, tal como se describe en la Jerarquía de Necesidades de Maslow.

5. Seguridad psicológica:

La seguridad psicológica abarca la fortaleza interna para afrontar la incertidumbre y la adversidad. En el contexto de la Jerarquía de Necesidades de Maslow, la seguridad psicológica es un elemento fundamental que influye directamente en la capacidad del individuo para progresar hacia la satisfacción de las necesidades de orden superior.

En esencia, la seguridad psicológica se refiere a la confianza que una persona tiene en su capacidad para afrontar los factores estresantes y los desafíos emocionales. Está profundamente entrelazada con la resiliencia, la capacidad de recuperarse de los reveses y la adaptabilidad ante el cambio. En el contexto de la dinámica familiar y comunitaria, la seguridad psicológica se nutre de la comunicación abierta, la confianza y el apoyo mutuo. Estos elementos fundamentales ayudan a las personas a construir una base interna sólida, permitiéndoles afrontar las incertidumbres de la vida con mayor serenidad.

Los sistemas sociales y el apoyo institucional desempeñan un papel crucial en el fortalecimiento de la seguridad psicológica. Mediante políticas e iniciativas que priorizan la concienciación y el apoyo en materia de salud mental, las instituciones pueden crear entornos donde las personas se sientan respaldadas al expresar sus vulnerabilidades sin temor al estigma ni a las repercusiones. El acceso a recursos de salud mental, como servicios de asesoramiento y grupos de apoyo, constituye un pilar fundamental para las personas que enfrentan desafíos psicológicos, fomentando una cultura de comprensión y empatía en el marco social general. Asimismo, la implementación de programas de bienestar laboral e iniciativas de gestión del estrés contribuye significativamente a cultivar un entorno que promueve la seguridad psicológica entre los empleados, mejorando así el bienestar organizacional general.

La búsqueda de seguridad psicológica también se entrelaza con la búsqueda de la autorrealización, una etapa cumbre de la jerarquía de Maslow. A medida que las personas se esfuerzan por alcanzar su máximo potencial y perseguir metas significativas, una sensación fundamental de seguridad psicológica actúa como fuerza catalizadora, impulsándolas hacia adelante con claridad y propósito. Empoderar a las personas para que cultiven la inteligencia emocional, los mecanismos de afrontamiento y un fuerte sentido de autoeficacia se vuelve imperativo para fomentar la resiliencia y la fortaleza psicológicas.

6. Sistemas sociales y apoyo institucional:

En el contexto de la jerarquía de necesidades, los sistemas sociales abarcan diversas redes y estructuras que influyen en el bienestar individual, incluyendo la familia, la comunidad y los marcos sociales más amplios. Por su parte, el apoyo institucional se refiere a los recursos y la asistencia que brindan las organizaciones y los organismos gubernamentales para promover la estabilidad y la protección.

Los sistemas sociales, como los vínculos familiares y las relaciones comunitarias, sirven como pilares fundamentales para garantizar la seguridad. Dentro de las familias, sus miembros se ofrecen protección y apoyo mutuos, creando así un entorno propicio para satisfacer las necesidades de seguridad. Asimismo, las comunidades brindan un sentido de pertenencia y seguridad colectiva, fomentando la responsabilidad compartida de protegerse contra amenazas externas. Además, las normas y valores sociales configuran la percepción general de seguridad, influyendo en los comportamientos y actitudes hacia la gestión de riesgos y la protección.

Por otro lado, el apoyo institucional abarca mecanismos formalizados diseñados para reforzar la seguridad. Estos incluyen políticas gubernamentales, organismos policiales, sistemas de salud y programas de bienestar social. Mediante marcos legislativos y medidas regulatorias, las instituciones establecen parámetros para mantener la seguridad pública y proteger a las personas de daños. Además, los servicios de salud abordan el bienestar físico y mental, abordando las preocupaciones relacionadas con la seguridad sanitaria. Las iniciativas de bienestar social, como las prestaciones por desempleo y la asistencia para la vivienda, ofrecen una red de seguridad para las personas que enfrentan inseguridad económica, mitigando así la vulnerabilidad.

Es fundamental reconocer que las desigualdades dentro de los sistemas sociales y el apoyo institucional pueden exacerbar las disparidades en materia de seguridad. Las poblaciones marginadas a menudo se enfrentan a barreras sistémicas que impiden su acceso a recursos y servicios de protección, lo que las hace más vulnerables a las amenazas. Comprender estas dinámicas es fundamental para promover políticas e intervenciones equitativas destinadas a corregir las desigualdades y mejorar la seguridad en general.

En última instancia, la intersección de los sistemas sociales y el apoyo institucional constituye un contexto crucial para abordar las necesidades de seguridad dentro de la jerarquía. Construir redes resilientes y reforzar las estructuras de apoyo es fundamental para proteger a las personas frente a vulnerabilidades y peligros potenciales, sentando así las bases para el avance hacia necesidades de orden superior.

7. Desafíos y amenazas a la seguridad percibida:

La seguridad percibida abarca la sensación de seguridad y estabilidad de una persona, la cual puede verse fuertemente influenciada por diversos factores internos y externos. Un desafío importante para la seguridad percibida es la prevalencia de las disparidades sociales, donde el acceso a recursos, oportunidades y necesidades básicas no se distribuye equitativamente. Este desequilibrio puede generar sentimientos de vulnerabilidad e inseguridad, especialmente entre las poblaciones marginadas, que pueden sufrir discriminación sistemática y falta de apoyo.

Además, los rápidos avances tecnológicos y la globalización han introducido nuevas dimensiones en las preocupaciones sobre seguridad. El panorama digital presenta amenazas únicas para la privacidad y los datos personales, lo que genera temores sobre el robo de identidad, el ciberacoso y el fraude en línea. Además, la interconexión de la economía global ha magnificado las inseguridades económicas, a medida que las personas y las comunidades se enfrentan a problemas como la inestabilidad laboral, la desigualdad financiera y las recesiones económicas.

Los desafíos psicológicos también representan una amenaza significativa para la percepción de seguridad. Las personas pueden lidiar con conflictos internos, ansiedad, traumas o problemas de salud mental, lo que puede afectar profundamente su sensación de seguridad y estabilidad. Estas luchas internas pueden verse exacerbadas por factores estresantes externos, presiones sociales o eventos vitales adversos, lo que compromete aún más la percepción de seguridad.

Los factores ambientales contribuyen a los desafíos para mantener la percepción de seguridad. Los desastres naturales, el cambio climático y la degradación ambiental pueden perturbar la seguridad física y la estabilidad de las comunidades, provocando desplazamientos, escasez de recursos y angustia psicológica. La inseguridad derivada de factores ambientales subraya la interrelación entre el bienestar humano y la salud del planeta.

Finalmente, las convulsiones sociales, la inestabilidad política y los actos de violencia representan amenazas tangibles para la percepción de seguridad. La omnipresencia de los conflictos, el terrorismo y los disturbios civiles introduce un trasfondo de miedo e incertidumbre en la vida cotidiana, minando la confianza en las estructuras institucionales y la armonía comunitaria. Estos sucesos pueden alimentar un clima generalizado de desconfianza y aprensión, lo que afecta la capacidad de las personas para mantener una sensación de seguridad.

Pertenencia social

1. Perspectivas históricas sobre las necesidades sociales:

A lo largo de la historia, la necesidad humana de pertenencia social ha sido parte integral de nuestro desarrollo evolutivo y social. La comprensión de las necesidades sociales se remonta a las primeras civilizaciones, donde las tribus y las comunidades constituían la base de la existencia humana. Como seres sociales, los humanos han dependido de la cohesión grupal y el apoyo comunitario para su supervivencia, lo que pone de relieve la importancia de las conexiones sociales en la configuración del comportamiento y la psicología humana.

Una de las primeras exploraciones documentadas de las necesidades sociales se encuentra en las obras de filósofos antiguos como Aristóteles y Platón. Sus debates filosóficos subrayaron la importancia de las amistades, las relaciones y los vínculos sociales para fomentar el bienestar y la plenitud. Además, los textos religiosos y las tradiciones culturales de diversas civilizaciones han enfatizado el valor de la comunidad, el compañerismo y el altruismo como aspectos fundamentales de una vida plena y significativa.

La Ilustración marcó un cambio significativo en la comprensión de las necesidades sociales, ya que pensadores como Jean-Jacques Rousseau y John Locke profundizaron en el concepto de contrato social y la necesidad inherente de conexión y cooperación humana. Estas ideas sentaron las bases para una mayor exploración del significado psicológico de la pertenencia social, allanando el camino para las teorías modernas sobre la motivación y la realización humana.

En el siglo XX, figuras clave de la psicología, como Abraham Maslow y Erik Erikson, introdujeron marcos integrales que integraban las necesidades sociales como componentes centrales del desarrollo humano y la autorrealización. Tanto la Jerarquía de Necesidades de Maslow como las etapas psicosociales de

Erikson destacaron el papel crucial de la pertenencia social para alcanzar un sentido de identidad, propósito y bienestar psicológico. Estas influyentes teorías no solo consolidaron el reconocimiento de las necesidades sociales, sino que también contribuyeron al surgimiento de la investigación empírica destinada a comprender la dinámica de las relaciones interpersonales y su impacto en el comportamiento humano.

2. Fundamentos psicológicos de la pertenencia:

Los fundamentos psicológicos de la pertenencia están profundamente arraigados en la naturaleza humana y tienen implicaciones significativas para el bienestar individual y el funcionamiento social. La pertenencia es una necesidad humana fundamental, y su satisfacción es esencial para fomentar un desarrollo social y emocional saludable. Desde una perspectiva psicológica, el deseo de pertenencia surge del impulso innato de establecer vínculos significativos con los demás y formar parte de una red social de apoyo.

Los psicólogos han estudiado desde hace tiempo el impacto de la pertenencia en diversos aspectos del comportamiento y la cognición humanos. La investigación en psicología social ha demostrado sistemáticamente que los sentimientos de conexión social e inclusión se asocian con resultados positivos, como una mayor autoestima, una mayor resiliencia emocional y una mayor satisfacción vital general. Por el contrario, las experiencias de exclusión o rechazo social pueden tener efectos perjudiciales para la salud mental, provocando sentimientos de soledad, ansiedad y depresión.

La búsqueda de pertenencia comienza en las primeras etapas de la vida, cuando los bebés y los niños buscan consuelo y seguridad en las relaciones de apego con sus cuidadores. Estas experiencias tempranas sientan las bases para el desarrollo de patrones de apego seguros y la capacidad de formar vínculos interpersonales saludables más adelante. A medida que las personas crecen y maduran, su necesidad de pertenencia se extiende más allá de las relaciones familiares para abarcar las interacciones con sus iguales, las amistades y las relaciones románticas.

La importancia psicológica de la pertenencia está estrechamente relacionada con procesos socioemocionales complejos, como la empatía, la compasión y el comportamiento prosocial. El sentido de pertenencia fomenta la empatía y la comprensión hacia los demás, sentando las bases para acciones cooperativas y altruistas dentro de los grupos sociales. De esta manera, el sentimiento de pertenencia no solo beneficia a las personas a nivel personal, sino que también contribuye a la formación de comunidades cohesionadas y compasivas.

Desde una perspectiva cognitiva, los fundamentos psicológicos de la pertenencia están vinculados al desarrollo de un autoconcepto positivo y un sentido coherente de identidad. Pertenecer a redes sociales de apoyo brinda a las personas oportunidades de comparación y validación social, las cuales desempeñan un papel crucial en la formación de la autopercepción y la autoestima. Además, la pertenencia influye en los procesos cognitivos relacionados con la toma de decisiones, la resolución de problemas y la regulación emocional, ya que las personas se fortalecen y se apoyan en sus conexiones sociales en momentos de adversidad.

3. Familia y relaciones tempranas:

La familia y las relaciones tempranas desempeñan un papel fundamental en la formación del sentido de pertenencia social de una persona. Durante sus años de formación, los niños aprenden sobre la confianza, la empatía y la cooperación a través de sus interacciones con familiares y cuidadores. Estas primeras experiencias sientan las bases para comprender las dinámicas sociales y desarrollar conexiones significativas en etapas posteriores de la vida. La unidad familiar sirve como el contexto principal donde las personas experimentan por primera vez un sentido de pertenencia, seguridad y apoyo. Las interacciones positivas dentro del entorno familiar fomentan un sentido de seguridad emocional, promoviendo un apego saludable y sentando las bases para futuras relaciones. Por el contrario, las experiencias adversas dentro de la familia, como la negligencia o los conflictos, pueden obstaculizar el desarrollo de apegos seguros e impedir la capacidad de una persona para formar conexiones sociales plenas. Además, el modelado de comportamientos sociales dentro de la estructura familiar influye significativamente en cómo las personas gestionan las relaciones fuera del hogar. Los niños observan e internalizan patrones de comunicación, estrategias de resolución de conflictos y expresiones de empatía de sus cuidadores, que a menudo moldean sus propias habilidades interpersonales y actitudes hacia la pertenencia social. La calidad de las relaciones tempranas también prepara el terreno para comprender los límites, la reciprocidad y la intimidad, lo que incide en cómo las personas se involucran en amistades, relaciones románticas y redes sociales más amplias.

4. Influencias comunitarias y culturales en la pertenencia:

La comunidad desempeña un papel fundamental en la formación del sentido de pertenencia de una persona, ya que proporciona una red de conexiones sociales, valores compartidos y un sentido de identidad. La comunidad en la que reside una persona suele actuar como un sistema de apoyo, fomentando un sentimiento de seguridad e inclusión. Las influencias culturales contribuyen aún más a la dinámica de la pertenencia social, ya que configuran las normas, tradiciones e interacciones sociales dentro de una sociedad determinada. Es dentro de estos contextos culturales que las personas desarrollan un sentido de pertenencia y se esfuerzan por conectar con otras que comparten antecedentes culturales similares. Comprender la diversidad cultural y abrazar la inclusión son fundamentales para fomentar un fuerte sentido de comunidad y pertenencia. Además, las celebraciones, rituales y tradiciones culturales sirven como factores unificadores que unen a las personas, reforzando su sentido de pertenencia. Sin embargo, es esencial reconocer que las influencias culturales y comunitarias también pueden presentar desafíos para el sentido de pertenencia de las personas, particularmente en contextos donde los grupos marginados pueden experimentar exclusión o discriminación. Abordar estos desafíos requiere promover la diversidad, la equidad y la inclusión dentro de las comunidades. Las organizaciones, las instituciones educativas y los responsables políticos desempeñan un papel crucial en la creación de entornos que acogen y celebran la diversidad, fomentando así la pertenencia social de todas las personas. Fortalecer los lazos comunitarios y promover la comprensión intercultural son fundamentales para desarrollar comunidades inclusivas donde cada persona sienta un sentido de pertenencia y conexión.

5. Impacto de la tecnología en las conexiones sociales:

El auge exponencial de la tecnología ha transformado innegablemente la forma en que las personas establecen y mantienen conexiones sociales. La proliferación de plataformas de redes sociales, aplicaciones de mensajería instantánea y canales de comunicación virtuales ha dado paso a una era de conectividad sin precedentes. Si bien estos avances tecnológicos han ampliado sin duda el alcance de las interacciones sociales, su impacto en la profundidad y la calidad de estas conexiones merece un análisis minucioso. La inmediatez de la comunicación digital ha sustituido, en cierta medida, las interacciones presenciales tradicionales, lo que ha provocado un cambio en la dinámica de las relaciones humanas.

Un aspecto de la influencia de la tecnología en las conexiones sociales es el concepto de conexión percibida frente a la intimidad genuina. La gratificación inmediata que ofrecen las respuestas rápidas y la disponibilidad constante a través de medios digitales puede crear la ilusión de estar interconectado. Sin embargo, esta conexión superficial a menudo carece de la profundidad y la resonancia emocional de las interacciones en persona, lo que puede comprometer la calidad de las relaciones. Además, la prevalencia de las redes sociales ha introducido una versión sesgada de la realidad, lo que genera comparaciones y representaciones idealizadas que pueden fomentar sentimientos de incompetencia y disminuir la conexión auténtica.

La omnipresencia de la tecnología ha redefinido los límites del espacio personal y la privacidad. La difuminación de las esferas profesional y personal debido a la constante accesibilidad mediante dispositivos digitales tiene implicaciones complejas para las relaciones sociales, especialmente en el ámbito laboral. La expectativa de respuestas inmediatas y la permeabilidad de la comunicación laboral al tiempo personal pueden dificultar la delimitación de límites y mermar el bienestar integral de las personas.

A pesar de estos desafíos, la tecnología también ofrece oportunidades para fortalecer las conexiones sociales. Las comunidades virtuales y las redes de apoyo en línea ofrecen vías para que las personas encuentren personas con ideas afines, superando las limitaciones geográficas. Además, la facilidad para mantener amistades y lazos familiares a distancia mediante videollamadas y experiencias digitales compartidas demuestra el potencial de la tecnología para fomentar conexiones significativas.

Para transitar el panorama cambiante de las conexiones sociales moldeadas por la tecnología, es imperativo cultivar la alfabetización digital y la atención plena. El diálogo abierto sobre cómo establecer límites saludables, regular el tiempo frente a la pantalla y promover una autorrepresentación auténtica en los espacios digitales es esencial para aprovechar los beneficios de la tecnología y mitigar sus posibles desventajas. Enfatizar el valor de las interacciones presenciales, practicar la escucha activa y priorizar los intercambios emocionales genuinos sigue siendo fundamental en medio de la revolución digital, cimentando las conexiones sociales en la autenticidad y la profundidad.

6. Pertenencia social en el lugar de trabajo:

En la psicología organizacional moderna, el concepto de pertenencia laboral ha cobrado gran importancia a medida que las empresas reconocen el impacto de la conexión social en el compromiso y la retención de los empleados. Cuando las personas experimentan un fuerte sentido de pertenencia en su entorno laboral, es más probable que contribuyan activamente a los objetivos de la organización y experimenten una mayor satisfacción laboral.

Establecer una cultura laboral inclusiva y de apoyo es esencial para promover la pertenencia social. Esto implica cultivar un entorno donde se celebre la diversidad y todos los empleados se sientan valorados por sus perspectivas y contribuciones únicas. Los empleadores pueden lograrlo implementando políticas inclusivas, brindando capacitación sobre diversidad y creando oportunidades para el diálogo abierto y la participación entre empleados de diversos orígenes.

Los líderes dentro de la organización desempeñan un papel fundamental en la dinámica social del entorno laboral. Al promover comportamientos inclusivos y demostrar un interés genuino por el bienestar de los miembros de su equipo, pueden marcar la pauta para un entorno laboral colaborativo y conectado. Fomentar el trabajo en equipo, reconocer los logros individuales y fomentar conexiones genuinas entre los compañeros puede fortalecer aún más el sentido de pertenencia social dentro de la organización.

Además, ofrecer programas de mentoría e iniciativas de apoyo entre pares puede brindar a los empleados valiosas oportunidades para conectar y forjar relaciones significativas. Estas plataformas no solo facilitan la transferencia de conocimientos y el desarrollo profesional, sino que también crean un sentido de comunidad en el lugar de trabajo, lo que en última instancia contribuye a una cultura de pertenencia y apoyo.

Es importante abordar y mitigar cualquier factor que pueda obstaculizar la pertenencia social en el lugar de trabajo. Factores como la política de oficina, el favoritismo o las prácticas excluyentes pueden socavar la cohesión del equipo e impedir el desarrollo de un ambiente laboral propicio. Los empleadores deben ser proactivos al identificar y abordar estos problemas para garantizar que todos los empleados se sientan incluidos y valorados.

7. Barreras para lograr la pertenencia social:

Establecer un sentido de pertenencia social es una necesidad humana fundamental que impacta significativamente el bienestar individual. Sin embargo, a pesar de su importancia, numerosas barreras pueden dificultar su consecución, generando sentimientos de aislamiento y alienación. Una barrera importante es la prevalencia de estigmas y prejuicios sociales en la sociedad. Estos sesgos pueden manifestarse de diversas formas, como racismo, sexismo, discriminación por edad y discriminación basada en la orientación sexual o la identidad de género, lo que crea obstáculos para las personas que buscan conexiones genuinas. Además, las normas y expectativas sociales con respecto a la conformidad y la integración en grupos sociales específicos pueden generar presiones que dificultan que las personas acepten su identidad auténtica y se sientan aceptadas tal como son. Esto puede provocar que las personas se sientan desconectadas e inhibidas a la hora de forjar relaciones significativas. Asimismo, el acceso limitado a recursos sociales y sistemas de apoyo puede ser un obstáculo para la pertenencia social. Las disparidades económicas, el aislamiento geográfico y la falta de infraestructura comunitaria pueden impedir que las personas accedan a redes y oportunidades vitales para cultivar conexiones. Además, las barreras psicológicas como la baja autoestima, el miedo al rechazo y las experiencias pasadas de exclusión social pueden obstaculizar significativamente la capacidad de una persona para interactuar con otros y establecer un sentido de pertenencia. Estas barreras internas pueden estar profundamente arraigadas y requieren un esfuerzo intencional para superarlas. Además, las barreras de comunicación, incluidas las diferencias lingüísticas, la ansiedad social y la falta de familiaridad con las señales sociales, pueden presentar enormes desafíos para forjar conexiones sociales. Dichos obstáculos pueden conducir a malentendidos e interpretaciones erróneas, lo que dificulta el desarrollo de la relación y el entendimiento mutuo. Por último, las barreras sistémicas en las instituciones y las culturas organizacionales pueden crear entornos que perpetúan la exclusividad y la marginación, lo que dificulta que las personas se integren y se sientan valoradas. Estas barreras pueden incluir prácticas de contratación sesgadas, oportunidades desiguales de ascenso y políticas laborales que no priorizan la inclusión.

8. Estrategias para fomentar la conexión y la inclusión:

Desarrollar un sentido de conexión y fomentar la inclusión en entornos sociales son componentes esenciales para satisfacer la necesidad humana de pertenencia. Las personas a menudo enfrentan diversos desafíos para establecer y mantener conexiones significativas con los demás, lo que puede socavar su bienestar general. Por lo tanto, es crucial explorar estrategias eficaces que promuevan la conexión social y fomenten un entorno inclusivo.

Una estrategia fundamental consiste en promover la empatía y la escucha activa. Animar a las personas a escuchar con sinceridad y empatizar con las experiencias de los demás puede sentar las bases para construir relaciones significativas. Al fomentar un ambiente de apoyo y comprensión, las personas pueden sentirse validadas y valoradas, fortaleciendo así su sentido de pertenencia.

Además, crear oportunidades para actividades compartidas y participación comunitaria puede contribuir significativamente a fomentar las conexiones y promover la inclusión. Los entornos grupales que fomentan la colaboración y la participación mutua no solo facilitan los vínculos sociales, sino que también ayudan a las personas a reconocer sus experiencias y puntos en común. Esto puede conducir a la formación de fuertes lazos sociales y a un mayor sentido de comunidad.

Otra estrategia eficaz para fomentar la conexión y la inclusión consiste en promover la diversidad y la competencia cultural. Aceptar diversas perspectivas y fomentar un entorno que valore las diferencias individuales puede mejorar la dinámica social y crear un espacio más inclusivo para todos los miembros. Fomentar el diálogo abierto sobre diferentes orígenes y experiencias puede enriquecer las interacciones sociales y contribuir a una conexión más profunda entre personas de diversos ámbitos.

Las iniciativas proactivas para abordar las barreras y los prejuicios sociales pueden allanar el camino hacia un entorno social más inclusivo y cohesionado. Al desmantelar activamente los prejuicios y promover la equidad, las personas pueden colaborar para crear un ambiente que reconozca y respete las contribuciones e identidades únicas de todos. Este enfoque proactivo fomenta un sentido de pertenencia al garantizar que ninguna persona se sienta marginada o excluida.

Por último, cultivar redes de mentoría y apoyo significativas puede promover aún más la conexión y la inclusión. Establecer programas de mentoría y grupos de apoyo puede brindar a las personas orientación valiosa, aliento y un sentido de comunidad. Estas redes pueden ofrecer tanto asistencia práctica como apoyo emocional, siendo la piedra angular para fomentar conexiones duraderas y promover la inclusión.

9. Pertenencia social y su relación con las necesidades de estima:

Al examinar la relación entre la pertenencia social y las necesidades de estima, se hace evidente que estos dos aspectos de la motivación humana están estrechamente relacionados. En esencia, la pertenencia social sirve como precursor fundamental del desarrollo de la autoestima y el sentimiento de logro.

La necesidad de pertenencia social implica inherentemente el deseo de ser aceptado y valorado por los demás, lo cual contribuye directamente a la autoestima. Cuando las personas se sienten incluidas en grupos sociales, tienen mayor probabilidad de recibir una consideración positiva de sus iguales, lo que fomenta un sentimiento de validación y valía. Por el contrario, la exclusión o los sentimientos de aislamiento pueden mermar significativamente la autoestima, aumentando la vulnerabilidad y disminuyendo la confianza.

El papel de la pertenencia social en la formación de las necesidades de autoestima es particularmente evidente durante etapas cruciales del desarrollo, como la adolescencia. A medida que los jóvenes lidian con las complejidades de la formación de la identidad y las relaciones con sus pares, su sentido de pertenencia influye considerablemente en sus percepciones de autoestima y competencia. Las conexiones sociales positivas pueden proporcionar un marco de apoyo para el cultivo de una autoestima sana, empoderando a las personas para buscar el crecimiento y la realización personal.

La interacción entre la pertenencia social y las necesidades de autoestima trasciende la psicología individual y permea diversos constructos sociales. En entornos educativos, por ejemplo, el sentido de pertenencia de los estudiantes a la comunidad escolar impacta profundamente su confianza y motivación académicas. Cuando los estudiantes se sienten conectados con sus compañeros y docentes, tienen mayor probabilidad de mostrar mayores niveles de autoeficacia y compromiso académico, lo que refuerza sus necesidades de autoestima.

De igual manera, en entornos organizacionales, el concepto de pertenencia social se vincula con la percepción de estima y reconocimiento laboral de los empleados. Un fuerte sentido de pertenencia en el ámbito profesional puede fortalecer la confianza y la satisfacción laboral de las personas, creando un terreno fértil para la satisfacción de las necesidades de estima mediante contribuciones y logros significativos.

Necesidades de autoestima

1. Contexto histórico y fundamentos teóricos:

Los fundamentos teóricos de las necesidades de estima se remontan a los escritos de filósofos como Aristóteles, quien postuló la importancia de la autoestima y el reconocimiento en la búsqueda de la eudaimonía, o el máximo desarrollo humano. De igual manera, el Renacimiento presenció el surgimiento de filosofías humanísticas que enfatizaban el valor del potencial individual y la búsqueda de la excelencia personal. Estas filosofías sentaron las bases para las interpretaciones modernas de la autoestima y la búsqueda del reconocimiento.

En el campo de la psicología, a principios del siglo XX se desarrollaron las teorías psicodinámicas, en particular las de Alfred Adler, que destacaron la importancia de la búsqueda de la superioridad y la superación de los sentimientos de inferioridad. Este énfasis en la importancia de la autoestima y la competencia en la configuración del comportamiento humano sentó las bases para formulaciones posteriores de las necesidades de estima en el contexto de los modelos jerárquicos de motivación.

A mediados del siglo XX, la obra pionera de Abraham Maslow sobre la jerarquía de necesidades proporcionó un marco integral para comprender la progresión de la motivación humana. Maslow propuso que las necesidades de estima abarcan tanto el aspecto interno del respeto propio como el externo de obtener el reconocimiento y el respeto de los demás. Esta conceptualización integró elementos de teorías filosóficas y psicológicas, ofreciendo una perspectiva holística sobre la dinámica de las necesidades de estima.

Las influencias de pensadores existencialistas, como Jean-Paul Sartre y Viktor Frankl, agregaron profundidad a la comprensión de las necesidades de estima al enfatizar la búsqueda del individuo por un significado personal y la importancia de ser reconocido como un ser autónomo y auténtico en la sociedad.

2. Los aspectos duales - Autorrespeto y validación externa

Las necesidades de autoestima son complejas y multifacéticas, abarcando tanto elementos internos como externos. El logro de la autoestima depende de la capacidad individual para equilibrar el respeto propio y la validación externa. El respeto propio constituye la base de las necesidades de autoestima. Implica un profundo sentido de confianza, seguridad en uno mismo y autoaceptación. Las personas con un nivel saludable de respeto propio son capaces de reconocer su propio valor intrínseco y mantener una autoestima positiva, independientemente de las evaluaciones o juicios externos. Esta fortaleza interior actúa como un amortiguador crucial contra los desafíos y las críticas que encontramos en la vida cotidiana. Además, el respeto propio fomenta una mentalidad resiliente, permitiendo a las personas afrontar los reveses y los fracasos sin comprometer su autoestima. Por otro lado, la validación externa desempeña un papel importante en la satisfacción de las necesidades de autoestima. Los seres humanos son criaturas sociales por naturaleza, y su percepción de autoestima a menudo se ve reforzada por el reconocimiento y el aprecio que reciben de los demás. La validación externa puede presentarse en diversas formas, como elogios, admiración, respeto y reconocimientos. Estas afirmaciones de pares, mentores y la sociedad en general desempeñan un papel fundamental en la formación del autoconcepto de una persona y en el fortalecimiento de su sentido de valor dentro de su esfera social. Sin embargo, la dependencia excesiva de la validación externa sin una base sólida de autoestima puede conducir a una sensación de autoestima frágil e inestable. Es esencial que las personas cultiven un equilibrio saludable entre las fuentes internas y externas de validación para lograr una autoestima sostenible y sólida. La interacción entre la autoestima y la validación externa es dinámica y está en constante evolución. A medida que las personas se esfuerzan por el crecimiento personal y la superación personal, deben gestionar la relación entre estos dos aspectos. Cultivar la autoestima mientras se busca la validación significativa del mundo exterior requiere introspección, inteligencia emocional y una comprensión profunda de los propios valores y creencias fundamentales.

3. Fundamentos cognitivos de la autoestima:

La autoestima abarca los procesos mentales mediante los cuales las personas forman creencias sobre su valía, competencia y autoestima. Estos procesos cognitivos se ven influenciados por numerosos factores, como las experiencias de la primera infancia, los mensajes sociales, los logros personales y las relaciones interpersonales. La autoestima no se determina únicamente por la validación externa o los logros, sino que está profundamente arraigada en la percepción individual de su propio valor intrínseco. Comprender los mecanismos cognitivos que subyacen a la autoestima es esencial para comprender cómo las personas gestionan su búsqueda de validación y reconocimiento. Las teorías de la evaluación cognitiva aportan información valiosa sobre los procesos evaluativos mediante los cuales las personas evalúan su autoestima. La forma en que las personas interpretan y atribuyen significado a sus experiencias configura significativamente sus autopercepciones. Además, los sesgos y las distorsiones cognitivas pueden influir considerablemente en la autoestima, llevando a las personas a desarrollar visiones inexactas o exageradas de sí mismas. Por ejemplo, las personas pueden realizar autoatribuciones o comparaciones negativas con los demás, distorsionando así su autoestima. Además, los esquemas cognitivos, o marcos mentales internos, desempeñan un papel fundamental en la formación de la percepción de la autoestima. Estos esquemas son estructuras cognitivas profundamente arraigadas que filtran y organizan la información recibida, influyendo en cómo las personas se perciben a sí mismas e interpretan sus interacciones con el mundo. Explorar los fundamentos cognitivos de la autoestima permite comprender la compleja interacción entre pensamientos, emociones y comportamiento en la formación de la autoestima individual. También ofrece oportunidades para intervenciones y estrategias destinadas a fomentar percepciones de autoestima adaptativas y precisas, promoviendo así un bienestar psicológico más saludable.

4. El papel del logro en el desarrollo de la autoestima:

El logro es un pilar fundamental sobre el cual las personas construyen su autoestima y obtienen el reconocimiento de los demás. Ya sea sobresaliendo en sus estudios, haciendo contribuciones significativas en su profesión o alcanzando logros personales, la búsqueda y consecución de logros proporciona un sentido esencial de competencia, dominio y eficacia.

En esencia, el logro representa la realización tangible de las propias capacidades y potencial. El proceso de establecer metas y esforzarse por alcanzarlas fomenta un sentido de propósito y dirección, infundiendo confianza y seguridad en las propias capacidades. Cuando las personas completan tareas o alcanzan objetivos, experimentan un aumento de autoeficacia, lo que refuerza su creencia en su capacidad para gestionar desafíos y superar obstáculos. Esta nueva confianza es fundamental para forjar un autoconcepto positivo y reforzar una autoimagen saludable, abordando directamente el aspecto intrínseco de las necesidades de autoestima.

El reconocimiento que se obtiene por los logros exitosos refuerza la posición social y la percepción que los demás tienen de uno. Los logros sirven como indicadores visibles de competencia y experiencia, lo que genera la admiración y el respeto de compañeros, colegas y la comunidad en general. El reconocimiento de los demás mediante elogios, premios o ascensos valida el esfuerzo y sirve como una afirmación externa de su valor y contribución. A su vez, esta validación externa contribuye significativamente al componente externo de las necesidades de estima, permitiendo que las personas desarrollen un fuerte sentido de valía y pertenencia dentro de sus círculos sociales.

Sin embargo, la búsqueda del éxito no está exenta de desafíos. La búsqueda de la excelencia a veces puede generar estrés, agotamiento o presión excesiva. Sin un enfoque equilibrado, la búsqueda de logros continuos puede tener efectos perjudiciales en el bienestar mental y la autoestima. Es crucial reconocer la importancia de mantener una mentalidad sana y comprender que los reveses y los fracasos son parte natural del camino. Adoptar una perspectiva orientada al crecimiento, donde el aprendizaje y el desarrollo se priorizan junto con los logros, puede mitigar el impacto negativo de las tendencias perfeccionistas y promover un enfoque sostenible para construir y mantener la autoestima.

5. Influencia del reconocimiento social en la identidad personal:

El reconocimiento social se refiere al reconocimiento, la validación y la aceptación que las personas reciben de su entorno social, incluyendo la familia, los pares y las estructuras sociales más amplias. Este reconocimiento puede tener un impacto significativo en la autoestima de una persona y contribuir a la formación y el mantenimiento de su identidad personal. El reconocimiento social proporciona a las personas retroalimentación externa que moldea su autoconcepto y autoestima. Cuando las personas reciben reconocimiento positivo por sus habilidades, logros o rasgos de carácter, se refuerza su sentido de competencia y valor, contribuyendo al desarrollo saludable de sus necesidades de autoestima. Por el contrario, la falta de reconocimiento social o la retroalimentación negativa pueden generar sentimientos de incompetencia, disminución de la autoestima y dificultades para satisfacer dichas necesidades. El reconocimiento social también influye en la forma en que las personas perciben sus roles y posiciones sociales dentro de sus comunidades. Puede afectar sus aspiraciones, ambiciones y elecciones, así como sus interacciones y relaciones sociales. Además, el reconocimiento social tiene el potencial de moldear las identidades culturales y de género, ya que las personas a menudo buscan validación y aceptación en contextos sociales y culturales específicos. La interacción entre el reconocimiento social y la identidad personal subraya la importancia de las relaciones interpersonales y los marcos sociales para satisfacer las necesidades de estima. Comprender la dinámica del reconocimiento social en la identidad personal es esencial para los profesionales que trabajan en campos como la psicología, la consejería, la educación y el desarrollo organizacional.

6. Desafíos comunes para satisfacer las necesidades de autoestima:

Satisfacer las necesidades de autoestima suele conllevar numerosos desafíos que las personas enfrentan en su camino hacia la autoestima y el reconocimiento. Un desafío común gira en torno a los conflictos internos que surgen de estándares sociales y expectativas personales poco realistas. La influencia generalizada de los medios de comunicación, las comparaciones con los pares y los estereotipos culturales pueden crear una percepción distorsionada de lo que constituye la "estima" en la sociedad, lo que lleva a las personas a experimentar sentimientos de incompetencia o inseguridad.

La búsqueda constante de la validación externa plantea otro desafío importante para satisfacer las necesidades de autoestima. Esta dependencia de la aprobación ajena puede convertirse en una carga abrumadora, ya que somete a las personas a la naturaleza voluble del juicio y la aceptación social. Como resultado, las fluctuaciones en el reconocimiento externo pueden afectar profundamente la autoestima, haciendo que las personas sean vulnerables a sentimientos de indignidad e inseguridad.

Además, conciliar las complejidades de equilibrar las aspiraciones individuales con las normas sociales puede representar un desafío formidable. Las expectativas sociales respecto al éxito, la apariencia y el estatus suelen crear un marco rígido dentro del cual las personas buscan validación. Esforzarse por cumplir estas expectativas sin perder la autenticidad puede generar conflictos internos y angustia emocional, lo que dificulta la satisfacción de las necesidades de autoestima.

La ausencia de entornos de apoyo y conexiones significativas puede obstaculizar el desarrollo de la autoestima. Las personas que se enfrentan al aislamiento o carecen de apoyos positivos en sus círculos sociales pueden tener dificultades para cultivar un sentido de valía y reconocimiento. Esta falta de apoyo social puede exacerbar los sentimientos de soledad e insignificancia, lo que supone un obstáculo considerable para satisfacer las necesidades de autoestima.

Enfrentar traumas, rechazos o fracasos del pasado puede actuar como obstáculos persistentes en la búsqueda de la satisfacción de la autoestima. Las cicatrices psicológicas persistentes y las heridas emocionales sin resolver derivadas de experiencias adversas pueden socavar la confianza de una persona en sus propias capacidades y valía, lo que dificulta el camino hacia la satisfacción de las necesidades de autoestima.

7. Variabilidad cultural en la satisfacción de las necesidades de estima:

La diversidad cultural desempeña un papel fundamental en la forma en que las personas buscan y satisfacen sus necesidades de autoestima. En diversos contextos culturales, las manifestaciones de estas necesidades y los medios para satisfacerlas presentan variaciones significativas. Es fundamental reconocer estas diversidades y valorar el impacto de la cultura en la búsqueda de la autoestima y el reconocimiento.

En algunas culturas, los logros individuales son muy valorados y constituyen una importante fuente de estima. El énfasis en los logros y el reconocimiento personal en estas sociedades puede impulsar a las personas a esforzarse por alcanzar la excelencia en sus esfuerzos, fomentando una fuerte autoestima derivada de la validación externa. Por el contrario, otras culturas priorizan los logros colectivos y el reconocimiento comunitario, donde la estima individual está intrínsecamente ligada al éxito y la reputación de su grupo social. Comprender estas diferentes orientaciones culturales es fundamental para comprender cómo se conceptualizan y materializan las necesidades de estima.

Los estándares y normas culturales que rigen las expresiones de estima y reconocimiento varían ampliamente. En ciertas culturas, las demostraciones manifiestas de confianza y seguridad en uno mismo pueden percibirse como arrogantes o jactanciosas, lo que podría dificultar la satisfacción de las necesidades de estima mediante la aceptación social. Por el contrario, en otras culturas, estas demostraciones pueden considerarse demostraciones esenciales de competencia y pueden ser fomentadas o esperadas. Estas distinciones subrayan la interacción entre los valores culturales y la satisfacción de las necesidades de estima, destacando la necesidad de sensibilidad y comprensión al evaluar estas dinámicas.

Además, los roles y expectativas sociales que se imponen a las personas en diferentes culturas influyen significativamente en su búsqueda de autoestima y reconocimiento. Los roles de género, las estructuras jerárquicas y las dinámicas familiares contribuyen a la complejidad de la satisfacción de las necesidades de autoestima. Por ejemplo, en las sociedades patriarcales, hombres y mujeres pueden enfrentar distintos desafíos para afirmar su autoestima y buscar reconocimiento, con distintos grados de aceptabilidad de sus métodos para lograrlo.

Comprender cómo la variabilidad cultural influye en la satisfacción de las necesidades de autoestima es crucial no solo para la investigación académica, sino también para aplicaciones prácticas en campos como la orientación, la educación y las interacciones interculturales. Al reconocer y respetar las diversas perspectivas culturales sobre la autoestima, los profesionales e investigadores pueden promover enfoques más inclusivos y eficaces para apoyar a las personas en su búsqueda de autoestima y reconocimiento.

8. Interacción entre las necesidades de autoestima y los niveles previos:

La satisfacción de las necesidades de estima, como postula la Jerarquía de Necesidades de Maslow, se ve significativamente influenciada por la satisfacción de las necesidades fundamentales inferiores, a saber, las fisiológicas, las de seguridad y las de pertenencia social. Esta interacción entre los diferentes niveles de necesidades subraya la naturaleza de la motivación y el bienestar humanos.

Las necesidades de autoestima abarcan componentes tanto internos (autoestima) como externos (reconocimiento de los demás). La satisfacción de estas necesidades depende de la percepción individual de la competencia, los logros y el estatus en relación con los estándares personales y sociales. Sin embargo, es fundamental reconocer que la búsqueda de la autoestima se ve profundamente afectada por la satisfacción de las necesidades previas. Por ejemplo, a las personas que tienen necesidades fisiológicas o de seguridad insatisfechas les puede resultar difícil centrarse en desarrollar la autoestima y buscar el reconocimiento.

La satisfacción de las necesidades de pertenencia social puede tener un impacto significativo en el desarrollo de la autoestima. Las interacciones positivas y la aceptación en el entorno social pueden fortalecer la autoestima, mientras que el rechazo o la exclusión pueden dificultar dicha satisfacción. Esto ilustra la interconexión de los distintos niveles de la Jerarquía de Maslow, destacando la influencia de las dinámicas sociales en el crecimiento psicológico y el bienestar.

Los factores culturales desempeñan un papel fundamental en la búsqueda y satisfacción de las necesidades de estima. Distintas culturas exaltan valores y normas distintos relacionados con el logro y el reconocimiento personal. Por lo tanto, personas de diversos orígenes culturales pueden mostrar distintos enfoques para satisfacer sus necesidades de estima. Comprender estos matices culturales es crucial para reconocer la naturaleza multifacética de las necesidades de estima en diferentes contextos sociales.

La interacción entre las necesidades de autoestima y los niveles anteriores también sirve como precursor de la transición hacia la autorrealización, la cúspide de la jerarquía de Maslow. A medida que las personas adquieren un sentido de dominio sobre sus necesidades de autoestima, se encuentran preparadas para dirigir su atención hacia la autorrealización, la creatividad y la realización de su potencial. Esta transición implica una evolución hacia la motivación intrínseca, el crecimiento personal y una comprensión más profunda del propio propósito y capacidades.

AUTORREALIZACIÓN - CARACTERÍSTICAS Y CRITERIOS

Rasgos psicológicos de los individuos autorrealizados

1. Características fundamentales de los individuos autorrealizados:

Las características fundamentales de las personas autorrealizadas sientan las bases para comprender la compleja estructura psicológica de quienes han alcanzado un estado de plenitud y realización personal. Estas personas exhiben un conjunto único de rasgos que moldean sus pensamientos, comportamientos e interacciones con el mundo que las rodea. Una característica fundamental es un fuerte sentido de autenticidad y coherencia entre sus valores internos y sus acciones externas. Las personas autorrealizadas demuestran auténtica autonomía e independencia en la toma de decisiones, evitando presiones externas o normas sociales que puedan comprometer su integridad personal. Otro rasgo clave es una mayor percepción de la realidad, que les permite ver más allá de las superficialidades y profundizar en el significado de las situaciones, resolviendo problemas de forma creativa y eficaz. Además, la resiliencia emocional y la autoestima positiva son características predominantes que les permiten afrontar los desafíos de la vida con agilidad y mantener una imagen saludable de sí mismas incluso ante la adversidad. En el ámbito interpersonal, estas personas cultivan relaciones significativas y profundas, impulsadas por la empatía, la comprensión y las conexiones genuinas, en lugar de interacciones sociales superficiales. Además, la motivación intrínseca es un rasgo distintivo, ya que las personas autorrealizadas se inclinan naturalmente a perseguir metas que tienen un significado personal y se alinean con su vocación interior. Finalmente, la creatividad emerge como un aspecto psicológico central, ya que estas personas poseen una propensión al pensamiento innovador y la expresión imaginativa en diversos ámbitos de su vida.

2. Autonomía e Independencia en la autorrealización:

Las personas autorrealizadas se caracterizan por un fuerte sentido de autonomía e independencia, que desempeñan un papel fundamental en su camino hacia la realización personal y la realización de su potencial. La autonomía abarca la capacidad de tomar decisiones basadas en los propios valores, creencias y aspiraciones, libres de presiones o influencias externas. Implica una profunda autocomprensión y confianza en uno mismo que permite a las personas afirmar su independencia respetando la autonomía de los demás. En el contexto de la autorrealización, la autonomía empodera a las personas para seguir su propio camino de crecimiento y desarrollo, guiadas por motivaciones internas y deseos auténticos. Este impulso intrínseco de autonomía fomenta un sentido de agencia y autoeficacia, esencial para superar obstáculos y perseguir metas significativas con convicción y determinación. Además, la independencia, en el marco de la autorrealización, se refiere a la capacidad de confiar en los propios recursos, habilidades y creatividad para gestionar los desafíos y oportunidades de la vida. Implica una interdependencia equilibrada con los demás, donde las personas entablan relaciones de apoyo mutuo, manteniendo al mismo tiempo un sentido de agencia personal y autosuficiencia. Abrazar la independencia permite a las personas autorrealizadas cultivar una mentalidad resiliente, donde aprovechan sus fortalezas y habilidades para trazar su camino hacia el crecimiento personal y contribuir significativamente a sus comunidades y a la sociedad en general. La búsqueda de la autonomía y la independencia en el contexto de la autorrealización requiere introspección, autoconciencia y la disposición a explorar el propio paisaje interior. Implica cultivar la inteligencia emocional, la asertividad y la capacidad de tomar decisiones proactivas, todas ellas fundamentales para forjar un fuerte sentido de autonomía e independencia personal. Además, fomentar la autonomía y la independencia en la autorrealización se alinea con la perspectiva humanista, enfatizando el potencial innato de crecimiento, autodeterminación y la realización de las capacidades únicas de cada individuo. Como tal, el cultivo de la autonomía y la independencia sirve como un sello distintivo fundamental de la autorrealización, reflejando el compromiso de una persona con una vida auténtica y autónoma, en consonancia con sus valores y aspiraciones fundamentales.

3. Autenticidad y autoaceptación:

La autenticidad y la autoaceptación representan rasgos psicológicos esenciales de las personas autorrealizadas. La autenticidad abarca la alineación de las acciones, valores y creencias con el ser verdadero, libre de presiones o expectativas externas. En la búsqueda de la autorrealización, las personas se esfuerzan por vivir de acuerdo con su identidad genuina, expresando sus pensamientos, emociones y comportamientos de manera honesta y congruente. Esta autenticidad fomenta una profunda sensación de armonía e integridad interior, lo que permite a las personas transitar la vida con claridad y propósito. La autoaceptación, por otro lado, implica aceptar y reconocer las fortalezas, limitaciones y cualidades únicas de cada uno sin juicios ni autocríticas. Implica una actitud compasiva y sin prejuicios hacia uno mismo, que constituye la base del bienestar emocional y la resiliencia. A través de la autoaceptación, las personas cultivan un autoconcepto positivo y un sentido de identidad fortalecido, lo que les permite afrontar los desafíos de la vida con valentía y gracia. La integración de la autenticidad y la autoaceptación impulsa a las personas a un estado elevado de autoconciencia, donde se sintonizan con sus deseos, aspiraciones y verdades internas genuinas. Esta profunda autoconciencia constituye la piedra angular de la autorrealización, ya que empodera a las personas para seguir caminos que se alinean con sus motivaciones y valores intrínsecos, fomentando una vida profundamente plena y con propósito. Además, el cultivo de la autenticidad y la autoaceptación trasciende el bienestar individual, extendiéndose a la calidad de las relaciones interpersonales y las contribuciones sociales. Las personas auténticas y autoaceptivas irradian empatía, compasión y autenticidad en sus interacciones, fomentando conexiones significativas y enriqueciendo a las comunidades. Además, sirven como faros de inspiración, desafiando las normas sociales y animando a otros a abrazar su yo auténtico. Por lo tanto, los rasgos psicológicos de la autenticidad y la autoaceptación no solo impulsan a las personas hacia la autorrealización, sino que también contribuyen a la evolución colectiva de la humanidad hacia una mayor comprensión, aceptación y unidad.

4. Percepción mejorada de la realidad y resolución de problemas:

Las personas que han alcanzado la autorrealización demuestran una mayor percepción de la realidad y un enfoque único para la resolución de problemas. Esta mayor conciencia y comprensión del mundo que las rodea les permite percibir con precisión situaciones, eventos y personas. Poseen una notable capacidad para ver más allá de la superficie, discernir patrones subyacentes y comprender las complejidades del comportamiento y las interacciones humanas. Su mentalidad abierta y curiosidad las llevan a abordar los desafíos con creatividad e innovación, descubriendo a menudo soluciones poco convencionales a problemas complejos. Además, las personas autorrealizadas son expertas en replantear las dificultades como oportunidades de crecimiento y aprendizaje, aprovechando su percepción ampliada de la realidad para gestionar la adversidad. Al reconocer la interconexión de todo, aportan una perspectiva holística a sus procesos de toma de decisiones y resolución de problemas. Esta visión integral les permite considerar diversos puntos de vista y anticipar las posibles consecuencias, lo que conduce a soluciones más efectivas y sostenibles. Gracias a su mayor percepción de la realidad, las personas autorrealizadas desarrollan un profundo sentido de empatía y compasión, lo que fortalece aún más su enfoque para la resolución de problemas. Al comprender las emociones y motivaciones subyacentes de los demás, participan en la resolución de conflictos y la mediación con sabiduría y claridad. En última instancia, su capacidad para percibir la realidad con profundidad y matices moldea su profundo impacto en el mundo, ya que inspiran a otros a adoptar una mentalidad similar.

5. Resiliencia emocional y autoestima positiva:

La resiliencia emocional permite a las personas autorrealizadas afrontar los desafíos de la vida con equilibrio y serenidad. Abarca la capacidad de adaptarse a la adversidad, gestionar el estrés eficazmente y mantener el equilibrio emocional ante las dificultades. Esta resiliencia se sustenta en una profunda creencia en las propias capacidades y una firme autoestima. Las personas autorrealizadas demuestran una notable capacidad para recuperarse de los reveses, considerándolos como oportunidades de crecimiento y aprendizaje, en lugar de obstáculos insalvables. Su capacidad para controlar sus emociones les permite afrontar los altibajos de la vida con serenidad y gracia.

Una autoestima positiva está vinculada a la resiliencia emocional y es fundamental para el bienestar psicológico. Las personas con autoestima positiva poseen un autoconcepto saludable y muestran autocompasión, reconociendo sus fortalezas y limitaciones sin caer en la autocrítica ni en la actitud defensiva. Esta actitud de autoafirmación les permite mantener una sensación de armonía interior incluso en medio de la agitación externa, fomentando una mentalidad resiliente que las impulsa hacia el crecimiento y la realización personal.

Las personas con una autoestima positiva son expertas en cultivar una sólida autoestima que no depende de la validación externa. Esto refuerza su resiliencia emocional, ya que se fortalecen en un lugar interno de valía y validación, en lugar de buscarla en otros o en circunstancias externas. Son capaces de afrontar las críticas y la adversidad sin comprometer su autoestima, manteniendo una firme creencia en su valor y potencial intrínsecos. Esta inquebrantable seguridad en sí mismas sienta las bases de la resiliencia emocional, empoderándolas para afrontar los desafíos con confianza y determinación.

6. Relaciones interpersonales basadas en el significado y la profundidad:

Las personas autorrealizadas muestran un enfoque único para fomentar las conexiones con los demás, caracterizado por la profundidad y la autenticidad. Son expertas en establecer relaciones genuinas y profundas, basadas en el respeto y la comprensión mutuos. Al interactuar con otras personas, priorizan la empatía, la escucha activa y la comunicación abierta, fomentando así relaciones basadas en la sinceridad y la resonancia emocional. Sus interacciones se caracterizan por la disposición a participar significativamente, ofrecer apoyo y mostrar un interés genuino en las experiencias y perspectivas de los demás. En estas relaciones, las personas se sienten escuchadas, valoradas y afirmadas, lo que fomenta un entorno propicio para el crecimiento y la realización personal. Además, demuestran una capacidad innata para abordar los conflictos interpersonales con gracia y diplomacia, buscando soluciones que preserven la dignidad y el bienestar de todos los involucrados. Este compromiso con las relaciones significativas y armoniosas refleja un profundo aprecio por la interconexión humana y subraya la importancia de la compasión y la empatía en sus interacciones. Además, las personas autorrealizadas no se dejan llevar por motivos egocéntricos en sus relaciones, sino que buscan cultivar conexiones mutuamente enriquecedoras que contribuyan al bienestar colectivo. Reconocen la importancia de las relaciones auténticas y de apoyo para promover el desarrollo psicológico y se comprometen a invertir tiempo y esfuerzo en nutrirlas. Al fomentar relaciones significativas y profundas, las personas autorrealizadas crean una red de apoyo y comprensión, que les sirve de fuente de fortaleza y resiliencia para afrontar los desafíos de la vida.

7. Motivación intrínseca y la búsqueda de objetivos:

A diferencia de la motivación extrínseca, que se basa en recompensas o presiones externas, la motivación intrínseca surge de deseos, valores y satisfacción personal internos. Este impulso interno permite a las personas autorrealizadas establecer metas significativas y con resonancia personal, fomentando un profundo sentido de propósito y realización. Su búsqueda de estas metas se caracteriza por una pasión y un compromiso constantes, ya que están alineadas con sus valores y creencias intrínsecos. Ya sea buscando logros profesionales, crecimiento personal o contribuyendo a la sociedad, la motivación intrínseca de las personas autorrealizadas actúa como una fuerza formidable. Demuestran una perseverancia y resiliencia notables ante los desafíos, recurriendo a su impulso interno para avanzar. Además, la búsqueda de metas no se centra únicamente en los logros individuales; las personas autorrealizadas se ven impulsadas por el deseo de realizar contribuciones significativas a sus comunidades y al mundo en general. Su motivación intrínseca alimenta un sentido de responsabilidad social y altruismo, configurando sus metas para beneficiar a los demás y, al mismo tiempo, satisfacer sus ambiciones personales. Además, la búsqueda de metas está profundamente entrelazada con la autoconciencia, ya que las personas autorrealizadas poseen una comprensión profunda de sus fortalezas, limitaciones y valores fundamentales. Esta conciencia guía su proceso de establecimiento de metas, asegurando que sus objetivos estén alineados con su yo auténtico y contribuyan al crecimiento integral. Además, la búsqueda de metas se considera un viaje continuo, más que un destino finito, para las personas autorrealizadas. Aceptan el aprendizaje y la adaptación continuos, reconociendo que su motivación intrínseca las impulsa a evolucionar y expandir sus horizontes. Esta perspectiva fomenta un enfoque resiliente en la búsqueda de metas, donde los reveses se perciben como oportunidades de aprendizaje y perfeccionamiento, en lugar de obstáculos insuperables.

8. La creatividad como aspecto psicológico fundamental:

La creatividad es un aspecto psicológico fundamental que desempeña un papel crucial en el proceso de autorrealización. Abarca la capacidad de generar nuevas ideas, abordar situaciones desde perspectivas no convencionales y participar en la resolución innovadora de problemas. Las personas autorrealizadas demuestran una notable capacidad de pensamiento creativo, lo que les permite abordar retos complejos y contribuir activamente a su entorno personal y profesional. Al explorar la esencia de la creatividad, se hace evidente que las personas autorrealizadas muestran una inclinación inherente hacia la originalidad y el pensamiento no convencional. Su capacidad para pensar más allá de los límites de los enfoques tradicionales les permite desarrollar soluciones novedosas e imaginar posibilidades más allá de los paradigmas existentes. Además, la creatividad fomenta la flexibilidad cognitiva, permitiendo a las personas autorrealizadas adaptarse a circunstancias dinámicas y aceptar la incertidumbre con una mente abierta. Les permite percibir situaciones familiares de formas nuevas e innovadoras, facilitando el crecimiento y la adaptación continuos. Asimismo, el vínculo entre la creatividad y la autorrealización se extiende a la búsqueda de experiencias significativas y la expresión de la autenticidad. Al aprovechar su potencial creativo, las personas autorrealizadas participan en actividades que conectan con sus pasiones y valores más profundos, aportando profundidad y propósito a sus vidas. La creatividad también sirve como canal de autoexpresión, permitiendo a las personas comunicar sus perspectivas y emociones únicas, fomentando una profunda sensación de plenitud y autenticidad.

La influencia de la creatividad y la innovación

1. Creatividad - Conceptos y teorías:

La creatividad es un fenómeno multifacético y complejo que ha intrigado a académicos, psicólogos y filósofos durante siglos. Encapsula la capacidad de generar ideas, conceptos o soluciones novedosas, a la vez que incorpora un elemento de originalidad y valor. En el contexto de la autorrealización, la creatividad desempeña un papel fundamental en el fomento del crecimiento personal, la mejora del bienestar psicológico y la facilitación del desarrollo pleno del potencial. Desde un punto de vista teórico, se han propuesto numerosas perspectivas para dilucidar la naturaleza de la creatividad y sus mecanismos subyacentes. El enfoque psicométrico, por ejemplo, intenta medir y cuantificar la creatividad mediante diversas pruebas y evaluaciones, destacando el pensamiento divergente, la fluidez, la flexibilidad y la originalidad como componentes cruciales. Por otro lado, el enfoque cognitivo profundiza en los procesos cognitivos implicados en la ideación creativa, proponiendo que la creatividad surge de la interacción dinámica entre el conocimiento, la memoria, la atención y las habilidades para la resolución de problemas. Además, la perspectiva sociocultural subraya la influencia de los factores culturales, ambientales y sociales en la creatividad individual, destacando la importancia de los contextos socioculturales para moldear y fomentar la expresión creativa. Asimismo, el modelo sistémico de la creatividad postula que esta surge de la interacción de sistemas internos y externos, involucrando al individuo, el dominio, el campo y las estructuras sociales más amplias. Al sintetizar estos diversos marcos teóricos, se hace evidente que la creatividad no se limita a una definición singular, sino que se manifiesta a través de una multitud de procesos cognitivos, emocionales y ambientales, que culminan en la generación de resultados originales y valiosos. Comprender las complejidades de la creatividad facilita la exploración de sus profundas implicaciones para la autorrealización, ya que sirve como catalizador para la transformación personal, la autoexpresión y la realización de las potencialidades innatas.

2. La innovación como camino hacia el crecimiento personal:

La innovación, a menudo considerada la piedra angular del progreso y el desarrollo, desempeña un papel crucial en la formación de la autorrealización individual. En esencia, la innovación implica el proceso de introducir nuevas ideas, métodos o productos que desafían las normas existentes. Al aplicarse al crecimiento y la realización personal, la innovación se convierte en un poderoso catalizador para la transformación y el autodescubrimiento.

A nivel individual, aprovechar el espíritu innovador permite a las personas romper con los patrones convencionales y explorar territorios inexplorados. Al fomentar una mentalidad que valora la novedad y la originalidad, se puede emprender un camino hacia la autorrealización con una mayor creatividad y capacidad de adaptación para la resolución de problemas. Además, la innovación anima a las personas a aceptar el cambio y a ver los obstáculos como oportunidades de aprendizaje y evolución, fomentando así la resiliencia y la perseverancia ante los desafíos.

La integración de la innovación en el crecimiento personal implica un proceso continuo de autosuperación y perfeccionamiento. A medida que las personas se aventuran en ámbitos inexplorados de pensamiento y acción, se ven obligadas a desafiar sus zonas de confort y a ampliar sus límites intelectuales, lo que promueve la flexibilidad cognitiva y la adaptabilidad. En esencia, la innovación actúa como una fuerza dinámica que impulsa a las personas a expandir sus horizontes mentales y a participar en una renovación personal continua, lo que genera un mayor bienestar emocional y un profundo sentido de propósito.

En el contexto más amplio de la innovación, la interacción entre la creatividad y el pensamiento divergente emerge como un canal fundamental para el crecimiento personal. La expresión creativa no solo sirve como medio para el autodescubrimiento, sino que también fomenta la introspección y la conciencia introspectiva. A través de actividades innovadoras, se anima a las personas a una profunda introspección, lo que aumenta su comprensión de las fortalezas personales y las áreas de desarrollo. Este proceso introspectivo es fundamental para fomentar la autoconciencia y la formación de la identidad, allanando el camino para la autoexpresión auténtica y las contribuciones significativas a la sociedad.

3. El papel de la imaginación en el logro de la autorrealización:

La imaginación es una herramienta poderosa en la búsqueda de la autorrealización y la realización personal. A medida que las personas emprenden su camino hacia la realización de su máximo potencial, el papel de la imaginación es fundamental.

Permite visualizar posibilidades más allá de las limitaciones existentes, permitiéndoles trascenderlas y visualizar un futuro alineado con sus deseos y aspiraciones más auténticos. En esencia, la capacidad de imaginar actúa como catalizador del cambio transformador, encendiendo la chispa creativa dentro de cada individuo. Abrazar la imaginación fomenta la apertura a la exploración y la innovación, invitando a nuevas perspectivas y soluciones a desafíos arraigados. Alimenta la ambición e impulsa a las personas hacia el autodescubrimiento y el crecimiento personal. Cuando una persona se involucra en el pensamiento imaginativo, se atreve a soñar más allá de las normas y expectativas sociales, liberando el potencial para una evolución personal sin precedentes. Al aprovechar su capacidad imaginativa, las personas pueden trazar caminos no convencionales hacia la autorrealización, descubriendo nuevas oportunidades y experiencias que enriquecen sus vidas. La imaginación empodera a las personas para liberarse de los patrones de pensamiento convencionales, abriendo camino al ingenio y la originalidad. Fomenta el cultivo de ideas y visiones audaces que tienen el potencial de transformar la comprensión de uno mismo y del mundo que lo rodea. Además, el acto de imaginar ofrece una sensación de liberación, permitiendo a las personas aprovechar su creatividad innata y afrontar los desafíos desde una perspectiva nueva. Este espíritu innovador nutre la resiliencia y la adaptabilidad, atributos fundamentales necesarios para gestionar las complejidades de la autorrealización. La integración de la imaginación en la búsqueda de la autorrealización genera un profundo sentido de propósito y significado, revitalizando aspiraciones y metas que, de otro modo, podrían permanecer latentes. A medida que las personas se atreven a soñar más allá de los límites de la sabiduría convencional, abren un manantial inagotable de inspiración y posibilidades. La imaginación se convierte en la brújula que las guía hacia sus verdaderas pasiones y propósitos, alineando sus acciones y decisiones con una visión que refleja su yo más auténtico. En último término, reconocer y aprovechar el poder de la imaginación es fundamental en la búsqueda de la autorrealización, fomentando un entorno propicio para la creatividad, la innovación y la evolución personal.

4. Atributos psicológicos de las mentes creativas:

Las personas creativas exhiben una multitud de atributos psicológicos que las distinguen del resto de la población. Una característica clave de las mentes creativas es su propensión al pensamiento divergente, que implica generar múltiples ideas o soluciones a un problema determinado. Esta capacidad de pensar de forma innovadora les permite abordar los desafíos desde perspectivas nuevas, lo que a menudo conduce a soluciones innovadoras y poco convencionales. Además, las mentes creativas demuestran una alta flexibilidad cognitiva, lo que les permite adaptar sus patrones de pensamiento a diferentes situaciones y contextos. Este estilo cognitivo adaptativo contribuye a su apertura a nuevas experiencias e ideas, fomentando el crecimiento continuo y la autorrealización. Asimismo, las investigaciones han demostrado que las personas creativas poseen una mayor motivación intrínseca y pasión por su trabajo, lo que las impulsa a buscar la excelencia y la originalidad en sus proyectos. Este impulso interno impulsa su persistencia frente a los reveses y desafíos, contribuyendo en última instancia a su realización personal. Asimismo, las mentes creativas muestran un alto grado de sensibilidad emocional y empatía, lo que les permite conectar profundamente con las emociones y experiencias de los demás. Esta capacidad empática no solo enriquece su producción creativa, sino que también fomenta relaciones interpersonales significativas y auténticas. Además, las personas creativas suelen mostrar un sentido de inconformismo e independencia, resistiéndose a las normas sociales y abrazando su individualidad. Esta disposición a desafiar los paradigmas existentes y explorar caminos no convencionales es fundamental para su búsqueda de la autorrealización. Por último, las mentes creativas suelen demostrar una propensión a la asunción de riesgos y una tolerancia a la ambigüedad, aceptando la incertidumbre como una oportunidad de exploración y crecimiento. Esta comodidad con la ambigüedad permite a las personas creativas desenvolverse en entornos complejos e inciertos, lo que en última instancia las impulsa hacia la autorrealización. Comprender estos atributos psicológicos es esencial para quienes buscan aprovechar su creatividad y utilizarla como catalizador para el crecimiento personal y la autorrealización.

5. Técnicas creativas de resolución de problemas:

En la búsqueda de la autorrealización, la resolución creativa de problemas implica generar soluciones innovadoras y poco convencionales a desafíos u obstáculos complejos que las personas enfrentan tanto en su vida personal como profesional. Este proceso requiere una combinación única de flexibilidad cognitiva, pensamiento lateral y originalidad.

Una técnica eficaz es la lluvia de ideas, que anima a las personas a generar ideas libremente sin juicios, lo que da lugar a la generación de ideas diversas. Este enfoque permite explorar diversas perspectivas y puede revelar soluciones novedosas que inicialmente podrían no haber sido evidentes. Además, los mapas mentales sirven como representación visual de ideas interconectadas, facilitando el pensamiento no lineal y mejorando la capacidad de establecer conexiones entre conceptos aparentemente dispares.

Otra estrategia esencial consiste en replantear los problemas modificando las perspectivas y considerando puntos de vista alternativos. Al replantear el problema en cuestión, las personas pueden descubrir nuevas perspectivas e identificar soluciones no convencionales que se alinean con sus valores y objetivos. Además, el uso del pensamiento analógico permite establecer paralelismos entre ámbitos no relacionados, lo que fomenta la resolución innovadora de problemas aprovechando perspectivas de diferentes contextos.

El uso del pensamiento divergente, caracterizado por la generación de múltiples y variadas soluciones a un problema, estimula la creatividad y anima a las personas a explorar caminos no convencionales. Aceptar la ambigüedad y la incertidumbre también es crucial para la resolución creativa de problemas, ya que permite a las personas tolerar la incomodidad y explorar territorios desconocidos, lo que finalmente conduce a soluciones innovadoras.

La práctica del prototipado rápido fomenta un entorno propicio para la experimentación y la iteración, permitiendo a las personas probar ideas rápidamente y perfeccionarlas con base en la retroalimentación continua. Este enfoque iterativo promueve la adaptabilidad y la resiliencia ante los desafíos, contribuyendo al crecimiento personal y profesional continuo.

Finalmente, la integración de los principios del *Design Thinking*, como la formulación de problemas basada en la empatía y la innovación centrada en el usuario, permite a las personas comprender a fondo las necesidades y experiencias de los demás, lo que conduce a soluciones centradas en el ser humano con un profundo impacto. El uso de estas técnicas no solo mejora la capacidad de resolución creativa de problemas, sino que también fomenta una mentalidad de aprendizaje y adaptación constantes, sentando las bases para la autorrealización y la realización personal.

6. El cultivo de un entorno propicio para la innovación:

Un entorno que apoya y fomenta el pensamiento imaginativo y los enfoques no convencionales puede contribuir significativamente a la realización personal. Cultivar un ambiente así implica un enfoque multifacético que abarca diversos aspectos de la vida personal y profesional.

En primer lugar, crear un entorno propicio para la innovación implica fomentar la diversidad y la inclusión. Una gama diversa de perspectivas, experiencias y trayectorias dentro de una comunidad u organización puede generar un rico abanico de ideas y soluciones. Adoptar la inclusión no solo promueve un sentido de pertenencia, sino que también garantiza que las personas se sientan empoderadas para expresar sus puntos de vista únicos, enriqueciendo así la creatividad colectiva.

Un entorno innovador prospera gracias a la comunicación abierta y el diálogo transparente. Fomentar la retroalimentación constructiva, la escucha activa y el intercambio de ideas fomenta una cultura de colaboración y mejora continua. Esto fomenta un ambiente donde las personas se sienten motivadas a explorar nuevas posibilidades sin temor a ser juzgadas, fomentando así un espíritu de experimentación y audacia.

Además, el espacio de trabajo físico desempeña un papel fundamental a la hora de sentar las bases para la innovación. Diseñar entornos de trabajo que faciliten la flexibilidad, la movilidad y la interacción puede estimular el pensamiento creativo y la resolución de problemas. Desde la distribución flexible de los asientos hasta las zonas dedicadas a la lluvia de ideas, la distribución del espacio puede influir en el flujo de ideas y catalizar la colaboración interdisciplinaria.

Cultivar un entorno propicio para la innovación exige comprometerse a fomentar una cultura de resiliencia y adaptabilidad. Adoptar una mentalidad de crecimiento y reconocer el valor de la resiliencia ante los contratiempos fomenta un espacio seguro para la asunción de riesgos y la experimentación. Ver los fracasos como oportunidades de aprendizaje y crecimiento, en lugar de como obstáculos, puede influir profundamente en la disposición a explorar territorios inexplorados.

En definitiva, promover un entorno innovador requiere fomentar un sentido de autonomía y empoderamiento entre las personas. Brindar autonomía en la toma de decisiones y permitirles la libertad de explorar sus inclinaciones creativas fomenta un sentido de pertenencia y responsabilidad. Empoderar a las personas para que asuman riesgos calculados y persigan sus ideas innovadoras infunde un sentido de propósito y motivación, elementos esenciales en la búsqueda de la autorrealización.

7. Barreras a la creatividad y la superación de desafíos:

La creatividad suele verse obstaculizada por diversas barreras que las personas encuentran en su camino hacia la autorrealización. Estos obstáculos pueden manifestarse de diferentes formas, como presiones sociales, inseguridad, miedo al fracaso y estructuras organizacionales rígidas. Comprender estas barreras es crucial para desarrollar estrategias que las superen y liberen todo el potencial de la expresión creativa.

Una barrera frecuente para la creatividad es el miedo al juicio y la crítica de los demás. Ya sea por normas sociales o inseguridades personales, el miedo a la incomprensión o al rechazo puede sofocar los impulsos creativos. Superar esta barrera implica cultivar una mentalidad de resiliencia y aceptar la vulnerabilidad como fuente de fortaleza. Al reconocer que no todas las ideas conectarán con todos, las personas pueden liberarse del yugo paralizante del juicio externo.

Las restricciones impuestas por las jerarquías tradicionales y los sistemas burocráticos dentro de las organizaciones pueden obstaculizar el flujo de la creatividad. Derribar estas barreras exige un cambio de paradigma que fomente una cultura de comunicación abierta, asunción de riesgos y colaboración interdisciplinaria. Fomentar la diversidad de perspectivas y empoderar a las personas para desafiar el statu quo puede derribar los obstáculos institucionales a la innovación.

Además, las barreras internas arraigadas en creencias autolimitantes y patrones de pensamiento arraigados plantean importantes desafíos para las iniciativas creativas. La autoexploración proactiva y la introspección son fundamentales para identificar y abordar estas barreras. Técnicas como la meditación consciente, el replanteamiento cognitivo y la participación en actividades fuera de la zona de confort pueden alterar los patrones de pensamiento habituales y liberar reservas de creatividad sin explotar.

La demanda de gratificación instantánea en el acelerado mundo actual representa un obstáculo formidable para la exploración creativa sostenida. Superar esta barrera requiere un cambio deliberado hacia la paciencia, la perseverancia y la aceptación del progreso gradual. Aceptar la naturaleza iterativa del proceso creativo permite a las personas ver los contratiempos como valiosas oportunidades de aprendizaje, en lugar de obstáculos insalvables.

Las relaciones interpersonales y las habilidades de comunicación como fundamentos

1. La importancia de la comunicación efectiva en las relaciones humanas:

La comunicación eficaz es la piedra angular de las conexiones humanas significativas, fomentando la comprensión y la empatía en las relaciones. La capacidad de transmitir pensamientos, emociones e intenciones mediante medios verbales y no verbales es fundamental para establecer conexiones profundas y auténticas con los demás. Cuando las personas poseen habilidades de comunicación refinadas, pueden orquestar dinámicas interpersonales con mayor delicadeza y contribuir al crecimiento y la realización mutua de las personas involucradas. En la búsqueda de la autorrealización, la importancia de la comunicación eficaz es fundamental. Comprender cómo las habilidades de comunicación profundizan las conexiones humanas es crucial para quienes se esfuerzan por alcanzar su máximo potencial. Una comunicación clara y transparente cultiva un entorno de confianza y apertura, sentando las bases para interacciones genuinas que resuenen con autenticidad. Además, los comunicadores expertos pueden expresar sus necesidades y aspiraciones con claridad, contribuyendo al establecimiento de relaciones armoniosas y de apoyo. Al perfeccionar sus habilidades de comunicación, las personas pueden abordar desafíos, articular sus valores y conectar constructivamente con los demás a un nivel profundo. Con una profunda comprensión del impacto de la comunicación en la dinámica de las relaciones, las personas pueden aprovechar el poder del diálogo para fomentar la comprensión mutua y forjar vínculos duraderos. La comunicación eficaz también desempeña un papel fundamental en el fomento de la empatía y la inteligencia emocional, componentes clave de las interacciones autorrealizadas. Permite a las personas no solo expresarse con autenticidad, sino también sintonizar con las emociones y perspectivas de los demás, facilitando conexiones profundas y empáticas. A través de la escucha activa y atenta, las personas pueden extraer valiosas perspectivas de las experiencias y visiones del mundo de quienes las rodean, fortaleciendo así la estructura de sus relaciones. Además, los comunicadores hábiles transmiten con destreza señales no verbales, como el lenguaje corporal y las expresiones faciales, que influyen significativamente en la calidad de las interacciones interpersonales. Las señales no verbales a menudo transmiten matices sutiles que complementan y enriquecen la comunicación verbal, amplificando la profundidad y la sinceridad de las conexiones humanas. Comprender y aprovechar estas señales permite a las personas establecer una buena relación, transmitir empatía y generar confianza, fortaleciendo así las bases de relaciones significativas. En esencia, la importancia de la comunicación efectiva en las relaciones humanas reside en su capacidad para fomentar la comprensión, fomentar la empatía y propiciar un entorno propicio para la autorrealización. A medida que las personas dominan el arte de la comunicación, abren caminos para conexiones profundas, enriquecidas por la transparencia, la comprensión y el respeto mutuo.

2. Señales no verbales y su impacto en la dinámica de las relaciones:

Mucho más allá de la palabra hablada, las señales no verbales abarcan una multitud de señales sutiles que transmiten emociones, actitudes e intenciones. Desde las expresiones faciales y los gestos hasta el lenguaje corporal y el contacto visual, estas señales proporcionan un canal rico y matizado para la interacción interpersonal. El impacto de la comunicación no verbal en la dinámica de las relaciones es fundamental, ya que a menudo sirve como un indicador más revelador de los verdaderos pensamientos y sentimientos de las personas que las expresiones verbales por sí solas.

Considere el poder de una sonrisa sincera o una caricia tranquilizadora: estos gestos no verbales pueden fomentar instantáneamente la conexión y la confianza entre las personas. Por el contrario, apartar la mirada, cruzar los brazos o moverse nerviosamente pueden indicar incomodidad o actitud defensiva, lo que podría dificultar el establecimiento de una buena relación. Además, las variaciones culturales en la comunicación no verbal añaden otra capa de complejidad a la dinámica de las relaciones, lo que resalta la importancia de la sensibilidad intercultural en la gestión de las interacciones interpersonales.

Al explorar la importancia de las señales no verbales, se hace evidente que influyen no solo en el intercambio de información, sino también en la interpretación de los estados emocionales subyacentes. Comprender e interpretar las señales no verbales requiere una gran perspicacia y sensibilidad, lo que contribuye a la profundidad de la comprensión y la empatía en las relaciones humanas. Cuando las personas están en sintonía con las señales no verbales, pueden comprender mejor las emociones no verbalizadas y responder con mayor compasión y consideración, fomentando así un entorno propicio para las interacciones de autorrealización.

La comunicación no verbal actúa como un orquestador silencioso del ambiente general en las relaciones, dictando sutilmente el tono y la atmósfera de las interacciones. Ya sea transmitiendo atención, respeto, afecto o asertividad, las señales no verbales contribuyen significativamente a la creación de un entorno relacional positivo y de apoyo. Ser consciente del impacto de la comunicación no verbal permite a las personas utilizar esta dimensión de la interacción deliberadamente, mejorando la comprensión mutua y fortaleciendo las bases de relaciones sanas y prósperas.

3. Empatía e inteligencia emocional:

La empatía y la inteligencia emocional son componentes esenciales para fomentar interacciones autorrealizadas. La verdadera empatía implica la capacidad de comprender y compartir los sentimientos de los demás. Va más allá de la mera compasión, ya que requiere que las personas conecten con las experiencias emocionales de quienes las rodean. Cuando las personas poseen un alto nivel de inteligencia emocional, están mejor preparadas para gestionar y comprender sus emociones, así como para empatizar con los sentimientos de los demás. Esta habilidad es crucial para construir y mantener relaciones significativas. Las personas con alta inteligencia emocional pueden interpretar con precisión las señales y los matices no verbales en las interacciones sociales, lo que les permite interactuar con destreza y responder adecuadamente a las emociones de los demás. Son expertas en reconocer y gestionar sus propias emociones, lo que les permite abordar las interacciones interpersonales con claridad y serenidad. La empatía y la inteligencia emocional permiten a las personas crear un entorno de comprensión y compasión, donde se reconocen y respetan las necesidades y emociones de todos los involucrados. A medida que las personas autorrealizadas se esfuerzan por alcanzar el crecimiento y la realización personal, la empatía y la inteligencia emocional sirven como base para cultivar conexiones genuinas y de apoyo. Al priorizar la empatía y la inteligencia emocional, las personas pueden participar en interacciones auténticas y respetuosas que promueven la comprensión y la confianza mutuas. Además, estas cualidades empoderan a las personas para ser comunicadores y solucionadores de problemas eficaces, contribuyendo al establecimiento de relaciones armoniosas. Desarrollar la empatía y la inteligencia emocional requiere autorreflexión y la disposición a apreciar las perspectivas y experiencias de los demás. Implica escuchar activamente a los demás, comprender sus emociones y responder con sensibilidad. Las personas con altos niveles de empatía pueden crear un espacio seguro para el diálogo abierto y la vulnerabilidad, fomentando un entorno propicio para la colaboración y el crecimiento mutuo. Mediante la práctica de la empatía y la inteligencia emocional, las personas pueden superar conflictos y malentendidos, allanando el camino para resoluciones constructivas y fortalecer los vínculos interpersonales.

4. Técnicas constructivas de resolución de conflictos para el crecimiento mutuo:

Los conflictos son un aspecto inevitable de las interacciones humanas, y la forma en que las personas los gestionan y resuelven puede tener un impacto significativo en las relaciones personales y profesionales. En la búsqueda de la autorrealización, adoptar técnicas constructivas de resolución de conflictos es crucial para fomentar el crecimiento y la comprensión mutuos. En lugar de ver el conflicto como algo inherentemente negativo, quienes buscan la autorrealización lo reconocen como una oportunidad para la introspección, el aprendizaje y la mejora de las relaciones.

Un principio fundamental de la resolución constructiva de conflictos consiste en cultivar una mentalidad de curiosidad y apertura. En lugar de abordar el conflicto con una actitud defensiva o rigidez, las personas que buscan la autorrealización priorizan la escucha activa y la empatía. Al reconocer las perspectivas y emociones de todas las partes involucradas, los conflictos pueden replantearse como oportunidades para una mayor comprensión y conexión. Además, integrar la inteligencia emocional en el proceso de resolución de conflictos permite a las personas validar las experiencias de los demás y expresar sus propios sentimientos con tacto y asertividad.

La comunicación eficaz es fundamental para la resolución constructiva de conflictos. La expresión clara y transparente de pensamientos y sentimientos permite a las partes en conflicto encontrar puntos en común e identificar necesidades e intereses subyacentes. Además, el uso hábil de señales no verbales, como mantener un lenguaje corporal abierto y un contacto visual constante, puede promover un ambiente de respeto mutuo y cooperación incluso en momentos de desacuerdo.

En la búsqueda del crecimiento mutuo, las personas autorrealizadas también emplean enfoques estructurados para la resolución de conflictos, como el uso de técnicas de mediación y negociación. La mediación ofrece un espacio neutral para debatir inquietudes y explorar soluciones bajo la guía de un facilitador capacitado, fomentando la resolución colaborativa de problemas y la creación conjunta de soluciones. De igual manera, las habilidades de negociación permiten a las partes en conflicto entablar conversaciones basadas en principios para alcanzar acuerdos mutuamente beneficiosos, preservando así la integridad de las relaciones y reforzando la confianza.

5. Generar confianza e intimidad mediante una comunicación transparente:

Establecer confianza y fomentar la intimidad en las relaciones interpersonales son componentes cruciales del camino hacia la autorrealización. La comunicación transparente es fundamental para cultivar estos elementos esenciales. Cuando las personas entablan un diálogo abierto y honesto, sientan las bases para la comprensión mutua, el respeto y la cercanía emocional. La comunicación transparente implica compartir pensamientos, sentimientos e intenciones con autenticidad, sin temor a juicios ni repercusiones negativas. Este nivel de vulnerabilidad crea un espacio seguro para que ambas partes se expresen abiertamente y sean verdaderamente escuchadas. Permite el desarrollo de conexiones profundas que contribuyen al crecimiento y la realización personal.

La comunicación transparente requiere que las personas practiquen la autoconciencia y la asertividad. Al tener claridad sobre sus propias creencias, valores y emociones, pueden comunicar sus verdades internas con sinceridad y coherencia. Además, adoptar la asertividad les permite expresar sus necesidades y límites eficazmente, fomentando así un entorno de genuina comprensión y empatía. Esta interacción dinámica entre transparencia y asertividad facilita el establecimiento de la confianza, reforzando la base emocional de la relación.

La comunicación transparente propicia la vulnerabilidad y la autenticidad en las relaciones. Cuando las personas se expresan abierta y honestamente, permiten que los demás vean y comprendan su verdadero Yo. Esta autenticidad crea un entorno donde ambas partes pueden aceptar sus vulnerabilidades e inseguridades sin temor al rechazo ni a la invalidación. Esta vulnerabilidad fomenta una profunda conexión y empatía, enriqueciendo la relación con intimidad y comprensión.

Además, la comunicación transparente mitiga los malentendidos y reduce la probabilidad de malas interpretaciones. Un diálogo claro y abierto minimiza el margen para suposiciones e intenciones malinterpretadas, promoviendo así un intercambio armonioso de ideas y emociones. Esta claridad y comprensión compartida sirven como base para construir y mantener la confianza en la relación. Poder comunicarse con sinceridad y recibir retroalimentación de forma abierta y sin prejuicios fortalece el vínculo emocional, fomentando una cultura de honestidad, confiabilidad y seguridad.

6. El papel de la escucha activa en la mejora de la comprensión interpersonal:

Al sumergirse en la práctica de la escucha activa, las personas pueden fomentar un ambiente de comprensión y respeto mutuos, allanando así el camino para una mayor empatía y conexión con los demás. Esta forma de escucha atenta y comprometida implica no solo escuchar las palabras de la otra persona, sino también comprender sus emociones e intenciones subyacentes. Implica dedicar plena atención cognitiva y emocional a la persona que habla, demostrar un interés genuino en su perspectiva y reconocer sus sentimientos sin juzgarla.

La escucha activa permite a las personas comprender mejor los pensamientos y emociones de los demás, fomentando así una sensación de validación y afirmación en las interacciones interpersonales. Al mantener una postura abierta y sin prejuicios, los oyentes activos crean un espacio seguro para que los oradores articulen sus ideas y expresen sus sentimientos sin reservas. Al priorizar la narrativa del orador y permitirle expresar sus pensamientos con naturalidad, los oyentes activos transmiten respeto y valoran el punto de vista del otro, reforzando la confianza en la relación. Además, la escucha activa permite a las personas sintonizar con señales no verbales, como el lenguaje corporal y el tono de voz, lo que mejora su comprensión del mensaje del orador más allá del mero contenido verbal.

La práctica de la escucha activa cultiva la empatía y la compasión, ya que requiere un esfuerzo serio por comprender la perspectiva del hablante sin imponer prejuicios ni prejuicios personales. Al enfatizar la interpretación precisa e internalizar las experiencias del hablante, los oyentes activos reconocen la validez de diversos puntos de vista y demuestran sensibilidad ante la complejidad de las emociones humanas. Esta resonancia empática fomenta un profundo sentido de conexión y una cultura de inclusión y comprensión en las relaciones interpersonales. Además, al internalizar el punto de vista del hablante antes de expresar el propio, la escucha activa garantiza que las respuestas sean reflexivas, relevantes y consideradas con sus sentimientos y necesidades.

7. Habilidades de comunicación intercultural como camino hacia perspectivas más amplias:

La diversidad cultural desempeña un papel fundamental en la configuración de nuestra sociedad global interconectada. Es esencial que las personas aprovechen las habilidades de comunicación intercultural para superar las brechas y fomentar entornos inclusivos. En el multifacético mundo actual, la capacidad de gestionar eficazmente los matices culturales es fundamental. Adoptar la comunicación intercultural no solo enriquece las interacciones personales, sino que también promueve la comprensión mutua y la colaboración entre comunidades diversas.

Comprender las diferentes normas, valores y estilos de comunicación culturales facilita interacciones respetuosas y significativas con personas de diversos orígenes. Desarrollar la sensibilidad cultural permite a las personas reconocer y apreciar la riqueza de la diversidad, fomentando un entorno de apertura y aceptación. Al participar en la comunicación intercultural, las personas adquieren una mayor comprensión de las diferentes visiones del mundo, lo que conduce a un mayor crecimiento personal y autorrealización.

Las habilidades eficaces de comunicación intercultural capacitan a las personas para gestionar dinámicas sociales complejas, mitigar malentendidos culturales y construir relaciones sólidas y armoniosas a través de las fronteras. El diálogo respetuoso con diversas culturas cultiva la empatía, la tolerancia y la adaptabilidad, cualidades cruciales que se alinean con los principios de la autorrealización. Anima a las personas a adoptar nuevas perspectivas y a ampliar sus marcos cognitivos, lo que contribuye al crecimiento intelectual y a una mayor capacidad para resolver problemas.

La adquisición de habilidades de comunicación intercultural también sirve como catalizador del éxito profesional en el mercado laboral globalizado actual. Las organizaciones buscan cada vez más personas capaces de desenvolverse con soltura en contextos interculturales, aprovechando diversas perspectivas para impulsar la innovación y potenciar la colaboración. Cultivar la competencia en comunicación intercultural abre puertas a nuevas oportunidades y fomenta una cultura laboral inclusiva que fomenta la creatividad, la productividad y la eficacia organizacional.

8. La interacción entre los límites personales y la armonía en las relaciones:

Cultivar una comprensión profunda de los propios límites es fundamental para fomentar conexiones sanas y armoniosas con los demás. Estos límites abarcan aspectos emocionales, físicos y psicológicos, y su preservación es vital para mantener la autonomía y el bienestar individual. Cuando las personas comprenden claramente sus límites personales y los comunican eficazmente, se sientan las bases para el respeto y la comprensión mutuos en las relaciones. Además, respetar los límites de los demás es igualmente crucial para preservar la confianza y fomentar interacciones positivas. Respetar los límites personales contribuye a un entorno donde las personas se sienten seguras, valoradas y comprendidas, facilitando así la armonía en las relaciones. Sin embargo, la interacción entre los límites personales y la armonía en las relaciones va más allá del simple reconocimiento y cumplimiento de los mismos. Implica una comunicación eficaz para negociar y gestionar estos límites dentro del contexto de la relación. El diálogo abierto y honesto sobre los límites personales facilita una conexión más profunda al promover la empatía, la comprensión y los valores compartidos. Asimismo, establecer un punto en común sobre los límites permite a las personas armonizar sus expectativas y comportamientos, lo que conduce a una mayor colaboración y satisfacción relacional. Además, reconocer los límites personales y su influencia en la dinámica de las relaciones puede facilitar la resolución de conflictos y mitigar posibles malentendidos. Al reconocer y respetar los límites del otro, las personas pueden gestionar los desacuerdos con sensibilidad y empatía, fortaleciendo así su vínculo. Por el contrario, descuidar o ignorar los límites personales puede generar tensión, resentimiento y disonancia en las relaciones. Es fundamental reconocer que la violación de los límites puede erosionar la confianza y comprometer los cimientos de la relación. Por lo tanto, fomentar una cultura de respeto mutuo y atención a los límites personales es fundamental para mantener relaciones armoniosas y plenas.

9. Aprovechar el aprendizaje cooperativo para el desarrollo recíproco:

El aprendizaje cooperativo, un enfoque pedagógico basado en la colaboración, no solo genera beneficios educativos, sino que también constituye la piedra angular del desarrollo recíproco en las relaciones interpersonales. Aprovecha la sinergia de diversas perspectivas y habilidades, fomentando un entorno donde cada participante contribuye y se beneficia del conocimiento y la experiencia colectivos. En el contexto de la autorrealización, el aprendizaje cooperativo trasciende el aula y se convierte en una vía de crecimiento personal y profesional.

En esencia, el aprendizaje cooperativo enfatiza la interdependencia, promoviendo una responsabilidad compartida por el éxito y el bienestar de todos los involucrados. Este espíritu se traduce fácilmente en dinámicas interpersonales, animando a las personas a reconocer el valor inherente de las aportaciones y contribuciones de los demás. Al participar en experiencias de aprendizaje cooperativo, las personas perfeccionan habilidades cruciales como la comunicación, la empatía y la resolución de conflictos, elementos esenciales para cultivar conexiones significativas y gestionar las complejidades de la interacción humana.

Este enfoque infunde un sentido de empoderamiento y autonomía en los participantes, cultivando una mentalidad que prioriza el beneficio colectivo sobre el individual. Al participar activamente en el aprendizaje cooperativo, las personas trascienden los límites de las actividades egocéntricas y adoptan una mentalidad colaborativa que se alinea con los principios de la autorrealización. Este cambio impulsa la construcción de relaciones de apoyo y crecimiento, donde las personas no solo buscan la realización personal, sino que también contribuyen activamente al bienestar y desarrollo de sus compañeros.

La diversidad inherente a los entornos de aprendizaje cooperativo funciona como un microcosmos de interacciones del mundo real, impulsando a las personas a una comprensión más amplia de las diferentes perspectivas y matices culturales. Este entorno inclusivo fomenta la mentalidad abierta, un rasgo fundamental para la autorrealización, ya que empodera a las personas para adoptar nuevas ideas y visiones del mundo, enriqueciendo así su crecimiento personal.

10. El cultivo de relaciones resilientes alineadas con los objetivos de autorrealización:

Desarrollar relaciones resilientes y de apoyo es fundamental en el camino hacia la autorrealización. Estas conexiones son la base del crecimiento personal, brindando a las personas apoyo emocional vital, experiencias compartidas y oportunidades para una profunda comprensión. Cultivar relaciones resilientes no solo enriquece nuestras vidas, sino que también nos acerca a alcanzar nuestro verdadero potencial. La base de estas relaciones reside en el respeto mutuo, la comunicación abierta y el compromiso de crecimiento mutuo. Para lograrlo, es esencial fomentar un entorno de confianza, empatía y valores compartidos. Las relaciones resilientes se caracterizan por la capacidad de superar las adversidades inevitables, recuperándose de los desafíos con mayor fortaleza y comprensión. Actúan como espacios seguros para que las personas exploren sus pensamientos y vulnerabilidades más íntimos sin temor al juicio ni al rechazo. Desarrollar estas conexiones sólidas requiere un esfuerzo consciente para priorizar el bienestar y el crecimiento de cada persona involucrada. Implica trabajar activamente en la resolución efectiva de conflictos, cultivar la inteligencia emocional y entablar un diálogo constructivo. Además, alinear las relaciones con los objetivos de autorrealización implica fomentar mutuamente la búsqueda de la pasión, el propósito y el desarrollo individual. Al fomentar un entorno que fomenta el crecimiento continuo, las personas autorrealizadas pueden gestionar juntos los desafíos y los éxitos, encontrando significado y plenitud en sus dinámicas interpersonales. Además, integrar los principios de la autorrealización en estas relaciones implica abrazar la autenticidad, la autonomía y la conexión genuina. Esto implica honrar la autonomía de cada uno, promoviendo al mismo tiempo la expresión auténtica y la vulnerabilidad, creando un espacio libre de pretensiones y artificialidad. En esencia, cultivar relaciones resilientes alineadas con los objetivos de autorrealización exige una inversión consciente en construir y nutrir conexiones que contribuyan positivamente al crecimiento personal y mutuo. Como parte de este esfuerzo continuo, las personas necesitan evaluar continuamente la reciprocidad, la autenticidad y la alineación con sus aspiraciones de autorrealización en sus relaciones. Esto incluye reconocer cuándo las dinámicas pueden desviarse del camino deseado y abordar cualquier desajuste mediante una comunicación abierta y honesta y la resolución compartida de problemas. Al hacerlo, las personas pueden aprovechar el poder de sus relaciones como catalizadores de la autorrealización, extrayendo fuerza e inspiración de los vínculos que apoyan y enriquecen su camino.

Valores, moralidad y desarrollo ético en la búsqueda de la autorrealización

1. Marcos teóricos:

El desarrollo ético en el contexto de la autorrealización abarca una compleja interacción de factores psicológicos, filosóficos y socioculturales. En el núcleo del desarrollo ético se encuentran las teorías fundamentales propuestas por eminentes académicos de diversas disciplinas. Desde las etapas del desarrollo moral de Lawrence Kohlberg hasta la ética del cuidado de Carol Gilligan, comprender el crecimiento ético requiere explorar estos marcos fundamentales. La teoría de Kohlberg, por ejemplo, describe una progresión de la moralidad preconvencional a la posconvencional, arrojando luz sobre los procesos cognitivos que subyacen a la toma de decisiones morales. El trabajo de Gilligan introduce la dimensión del cuidado y las relaciones, desafiando las perspectivas tradicionales sobre el razonamiento moral. Al sintetizar estas y otras teorías clave, comienza a surgir una comprensión integral del desarrollo ético en relación con la autorrealización.

La integración de perspectivas de la psicología del desarrollo, la ética de la virtud y la filosofía existencial enriquece el discurso sobre la maduración ética. El desarrollo de virtudes como la integridad, la compasión y la justicia desempeña un papel fundamental en el desarrollo de la identidad ética. Asimismo, las indagaciones existenciales sobre la autenticidad y la responsabilidad ofrecen profundas implicaciones filosóficas para la toma de decisiones éticas y el crecimiento personal en el camino hacia la autorrealización.

Además de los marcos a nivel individual, la perspectiva socioecológica subraya la influencia de los contextos sociales, las normas culturales y las estructuras institucionales en el desarrollo ético. Examinar la interacción entre microsistemas, mesosistemas y macrosistemas proporciona una apreciación holística de los determinantes multifacéticos del crecimiento ético. Asimismo, comprender el desarrollo ético requiere examinar la interacción dinámica entre los valores personales, las expectativas sociales y el clima ético en general.

2. Sistemas de valores:

El sistema de valores de una persona actúa como una brújula que guía sus comportamientos, decisiones e interacciones con el mundo. En el contexto de la autorrealización, comprender el papel y el impacto de los sistemas de valores en el crecimiento personal es fundamental. Los valores son creencias profundamente arraigadas que influyen en las actitudes y acciones, moldeando el carácter y la visión del mundo de una persona. Sirven como estándares mediante los cuales las personas evalúan la importancia y el valor de diversos aspectos de la vida, como las relaciones, el trabajo y los principios éticos. El impacto de los sistemas de valores en el crecimiento personal reside en su capacidad para proporcionar un sentido de dirección y propósito, fomentando una vida plena y significativa. Cuando se alinean con la autorrealización, los valores actúan como motivadores para alcanzar el máximo potencial. Las personas cuyas acciones y elecciones son congruentes con sus valores fundamentales suelen experimentar un mayor bienestar psicológico y una sensación de autenticidad. Además, los sistemas de valores desempeñan un papel fundamental en los procesos de toma de decisiones, ya que contribuyen al establecimiento de prioridades y preferencias, impulsando a las personas hacia objetivos que resuenen con sus convicciones más profundas. Es a través de la exploración y la afirmación de los valores personales que las personas pueden embarcarse en un viaje de autodescubrimiento y realización personal. Además, los sistemas de valores influyen profundamente en las relaciones interpersonales, ya que moldean la dinámica y los patrones de comunicación en los contextos sociales. La comprensión y el respeto por los diferentes sistemas de valores pueden facilitar la empatía, la cooperación y la comprensión mutua. Por el contrario, los valores contrapuestos pueden generar discordia y obstaculizar el crecimiento personal y colectivo. Reconocer la interconexión entre el propio sistema de valores y la búsqueda de la autorrealización permite la reflexión intencional y la alineación con las aspiraciones y principios más profundos. A medida que las personas avanzan en el camino de la autorrealización, perfeccionar la conciencia de sus sistemas de valores se vuelve fundamental para gestionar las complejidades de la vida, manteniendo la integridad y la autenticidad.

3. Toma de decisiones éticas en el contexto de la autorrealización:

A medida que las personas se esfuerzan por alcanzar su máximo potencial, a menudo se enfrentan a complejos dilemas éticos que requieren una cuidadosa reflexión. En el contexto de la autorrealización, la toma de decisiones éticas va más allá de adherirse a las normas sociales; implica alinear las acciones con valores y principios profundamente arraigados. Este proceso requiere una profunda comprensión de las creencias personales y la capacidad de gestionar las zonas ambiguas éticas con integridad y autenticidad. La toma de decisiones éticas en la búsqueda de la autorrealización exige un profundo nivel de autoconciencia y sensibilidad moral. Requiere la disposición a participar en el razonamiento ético, evaluar las posibles consecuencias de las decisiones y asumir la responsabilidad del impacto de dichas decisiones. Además, la toma de decisiones éticas en el contexto de la autorrealización abarca el reconocimiento de la interconexión con los demás y la comunidad en general. Las personas en el camino hacia la autorrealización deben considerar cómo sus decisiones pueden contribuir al bienestar de los demás y al bien común. Esto requiere un compromiso con la empatía, la compasión y la responsabilidad social. Además, la toma de decisiones éticas en el contexto de la autorrealización implica la autorreflexión continua y el perfeccionamiento de la propia brújula ética. Implica reconocer que el crecimiento ético es un proceso continuo que evoluciona a medida que las personas adquieren nuevas experiencias y perspectivas. Además, las habilidades para la toma de decisiones éticas se desarrollan aprendiendo tanto de los éxitos como de los fracasos, y adoptando una mentalidad de crecimiento que fomenta el desarrollo ético. En definitiva, la toma de decisiones éticas en la búsqueda de la autorrealización consiste en fomentar una sensación de armonía entre las propias acciones y su impacto en el mundo. Es la integración de la ética y el crecimiento personal, que actúa como una fuerza guía que impulsa a las personas a alcanzar su máximo potencial, contribuyendo positivamente al mundo que las rodea.

4. Consideraciones culturales en la evolución moral y ética:

La diversidad de trasfondos culturales y normas sociales influye significativamente en la percepción individual de la moral, la ética y los valores. Comprender la interacción entre la cultura y el desarrollo ético es crucial para fomentar un enfoque integral de la autorrealización.

La cultura influye significativamente en la definición de lo que se considera moralmente correcto o incorrecto en una comunidad o sociedad específica. Las tradiciones, costumbres y sistemas de creencias inherentes a una cultura guían los procesos de toma de decisiones éticas de sus miembros. Esto se evidencia en la diversidad de estándares éticos entre las distintas culturas, donde acciones consideradas aceptables en una cultura pueden percibirse como poco éticas en otra.

La diversidad cultural contribuye a un rico entramado de perspectivas morales, cada una de las cuales ofrece perspectivas únicas sobre la conducta ética. Quienes emprenden el camino hacia la autorrealización deben reconocer y valorar esta diversidad, reconociendo que su propia brújula ética puede enriquecerse mediante la exposición a diferentes paradigmas culturales. Aceptar la diversidad cultural fomenta la empatía, la mentalidad abierta y una comprensión más amplia del pluralismo ético, elementos fundamentales para el crecimiento personal y la autorrealización.

Las consideraciones culturales también ponen de manifiesto la naturaleza dinámica de la ética y los valores. A medida que las sociedades evolucionan, también lo hacen sus marcos morales, influenciados por los acontecimientos históricos, la globalización y las interacciones interculturales. Esto subraya la importancia de la adaptabilidad y la flexibilidad en el razonamiento moral y ético. Explorar estos cambios en la ética cultural dota a las personas de la capacidad de evaluar críticamente y recalibrar su propia brújula moral, garantizando su alineación con las necesidades sociales contemporáneas y los estándares éticos globales.

5. Desafíos para mantener la integridad ética:

Mantener la integridad ética plantea desafíos significativos en la búsqueda de la autorrealización, ya que las personas se enfrentan a normas sociales complejas, creencias personales y responsabilidades profesionales. Uno de los principales desafíos reside en la naturaleza dinámica de los dilemas éticos, donde el contexto y las circunstancias a menudo dictan perspectivas diversas sobre lo que es moralmente correcto o incorrecto. Además, la tensión inherente entre mantener la propia brújula moral y adherirse a las expectativas organizacionales o sociales puede generar conflictos éticos. Asimismo, la rápida evolución de la tecnología y sus implicaciones en la privacidad, la seguridad de los datos y la ética digital presentan desafíos contemporáneos para las personas que luchan por la integridad ética. Otro desafío crítico es la influencia de las dinámicas de poder en los entornos profesionales, donde las personas pueden encontrarse con presiones o tentaciones éticas que ponen a prueba su fortaleza moral. Asimismo, la interconexión global de economías y culturas introduce desafíos éticos interculturales, que exigen la conciencia de diversos sistemas de valores y estándares éticos. Además, la prevalencia de conductas éticas inapropiadas en diversos sectores ha generado un mayor escrutinio de la conducta ética de las personas, lo que aumenta la presión para mantener estándares éticos ejemplares. Esta mayor responsabilidad complica aún más la tarea de mantener la integridad ética. El impacto emocional y psicológico de la toma de decisiones éticas es crucial, ya que las personas a menudo experimentan conflictos internos y angustia moral al enfrentarse a decisiones éticas complejas. Además, identificar las implicaciones éticas de decisiones aparentemente triviales añade un nivel adicional de complejidad. La omnipresencia de las redes sociales y su impacto en la percepción pública y el juicio moral introduce nuevas dimensiones de escrutinio ético y responsabilidad. Finalmente, la alineación de los valores personales con la conducta profesional en entornos laborales diversos y dinámicos presenta un desafío constante, que requiere reflexión y adaptación continuas para garantizar la coherencia ética. Abordar estos desafíos y desarrollar estrategias para mantener la integridad ética es esencial para las personas que buscan la autorrealización, ya que contribuye a su crecimiento moral, desarrollo personal y bienestar general.

6. La integración de los valores personales y la conducta profesional:

La integración de los valores personales con las prácticas profesionales no solo fomenta un sentido de autenticidad y coherencia, sino que también desempeña un papel fundamental en la configuración de los procesos de toma de decisiones éticas y morales en diversos contextos. El proceso de integrar los valores personales con la conducta profesional requiere un profundo nivel de autoconciencia e introspección. Se motiva a las personas a reflexionar sobre sus valores, creencias y principios fundamentales que sustentan su marco ético. Al reconocer y comprender sus sistemas de valores personales, pueden gestionar eficazmente escenarios profesionales complejos, manteniendo su integridad innata. Además, esta alineación consciente facilita la autoexpresión holística y promueve un sólido sentido de propósito en sus esfuerzos profesionales.

La integración de los valores personales con la conducta profesional actúa como catalizador para fomentar la confianza y la credibilidad en las relaciones interpersonales. Cuando las personas demuestran constantemente comportamientos y acciones que se identifican con sus valores más profundos, cultivan un ambiente de autenticidad y transparencia. Esto, a su vez, fomenta conexiones significativas con colegas, clientes y partes interesadas, lo que potencia la colaboración y genera una cultura organizacional positiva.

En el panorama profesional contemporáneo, la integración de los valores personales con la toma de decisiones éticas se ha vuelto cada vez más crucial, especialmente en vista de las diversas y cambiantes dinámicas socioculturales. Las personas se enfrentan al reto de gestionar dilemas éticos, manteniendo su brújula moral y respetando los valores de los demás. La integración armoniosa de los valores personales con la conducta profesional empodera a las personas para participar proactivamente en la toma de decisiones basada en principios, contribuyendo así al liderazgo ético y a las prácticas organizacionales sostenibles.

Sin embargo, es fundamental reconocer las posibles tensiones que pueden surgir al intentar armonizar los valores personales con las responsabilidades profesionales. Las exigencias contradictorias, las incertidumbres éticas y las presiones situacionales pueden poner a prueba la resiliencia de esta alineación. Por lo tanto, quienes emprenden el camino de la autorrealización deben cultivar estrategias adaptativas y resiliencia ética para afrontar estos desafíos con consciencia y mantener su integridad ética.

En definitiva, la integración de los valores personales con la conducta profesional implica un proceso continuo y dinámico que requiere reflexión, perfeccionamiento y reorientación constantes. Este proceso trasciende las acciones individuales e impregna el ethos colectivo de las organizaciones y comunidades, influyendo en el progreso social y la evolución ética. A medida que las personas se esfuerzan por encarnar auténticamente sus valores en el ámbito profesional, contribuyen a un panorama global más ético y basado en valores, fomentando así la realización personal a escala colectiva.

Mecanismos de autonomía y autorregulación

1. Introducción a la autonomía en psicología humana:

La autonomía, un concepto fundamental en la psicología humana, desempeña un papel fundamental en el desarrollo del bienestar psicológico y la autorrealización de las personas. En esencia, la autonomía se refiere a la capacidad de autogobierno, la independencia y la capacidad de tomar decisiones y actuar con base en los propios valores y creencias. En el campo de la psicología, la autonomía se considera un componente esencial del desarrollo saludable y está vinculada a diversos aspectos de la vida individual, como la motivación, la toma de decisiones y las relaciones interpersonales.

La importancia de la autonomía en el desarrollo psicológico radica en su asociación con la autonomía y la voluntad personales. Cuando las personas tienen un sentido de autonomía, se sienten empoderadas para tomar control de sus pensamientos, emociones y comportamientos, lo que les permite tener un mayor control sobre sus vidas. La autonomía fomenta un sentido de competencia y dominio, permitiéndoles explorar e interactuar con su entorno con confianza y adaptabilidad.

La autonomía está estrechamente vinculada a la motivación intrínseca, ya que las personas son más propensas a participar en actividades que se alinean con sus intereses y valores personales cuando perciben un sentido de autonomía y autodeterminación. Esta motivación intrínseca, a su vez, impulsa a las personas a perseguir metas alineadas con su yo auténtico, contribuyendo a una mayor sensación de plenitud y propósito en la vida.

En el contexto del desarrollo psicológico, la autonomía desempeña un papel fundamental en la formación de la identidad y el autoconcepto de las personas. A medida que las personas ejercen su autonomía al tomar decisiones y perseguir sus aspiraciones, contribuyen a la construcción continua de sus identidades, valores y marcos morales únicos. Este proceso de autodescubrimiento y autoexpresión facilita la integración de experiencias y creencias personales, culminando en un sentido de identidad cohesivo y auténtico.

La autonomía no es una búsqueda solitaria, sino que está entrelazada con las dinámicas interpersonales y las relaciones sociales. Cultivarla implica gestionar estructuras sociales complejas y desarrollar estrategias adaptativas para gestionar las propias necesidades y deseos en el contexto de la comunidad y la interconexión. Una autonomía saludable permite a las personas establecer límites, afirmar sus necesidades y entablar relaciones significativas y de respeto mutuo, contribuyendo así a su bienestar general y a su sentido de pertenencia.

2. Fundamentos teóricos de la autorregulación:

La autorregulación, un aspecto fundamental del comportamiento humano, se fundamenta en diversas teorías psicológicas y cognitivas. Uno de los primeros modelos de autorregulación es la Teoría del Control propuesta por Carver y Scheier, que postula que las personas se fijan metas y monitorean continuamente su progreso hacia ellas, realizando los ajustes necesarios para mantener o modificar su curso de acción. Este modelo enfatiza el papel de los ciclos de retroalimentación y la detección de errores en el proceso de autorregulación, destacando la importancia de la autoconciencia y la autorreflexión. Por el contrario, la Teoría Cognitiva Social de Bandura subraya la importancia de las creencias de autoeficacia en la autorregulación, sugiriendo que la confianza de las personas en su capacidad para ejecutar conductas influye directamente en su capacidad de autocontrol y perseverancia. Esta teoría también introduce el concepto de aprendizaje observacional, en el que las personas observan e imitan las estrategias de autorregulación de otros, contribuyendo al desarrollo de sus propias habilidades de autorregulación. Además, el Modelo de Fuerza del Autocontrol, propuesto por Baumeister y Heatherton, destaca la naturaleza finita de los recursos de autorregulación, enfatizando que el ejercicio del autocontrol puede agotar las reservas cognitivas y emocionales, lo que conlleva a posteriores deficiencias en la autorregulación. El modelo aboga por la reposición de estos recursos mediante el descanso y la recuperación, así como la asignación estratégica de recursos a tareas clave de autorregulación. Asimismo, el Modelo de Autorregulación de Proceso Dual, que abarca tanto los sistemas reflexivos como los impulsivos, dilucida la interacción entre los procesos de autorregulación conscientes y deliberados y las respuestas automáticas y reactivas, arrojando luz sobre situaciones en las que la autorregulación puede fallar debido a señales internas contradictorias. Estos marcos teóricos contribuyen colectivamente a nuestra comprensión de los complejos mecanismos subyacentes a la autorregulación, ofreciendo perspectivas sobre los componentes cognitivos, motivacionales y emocionales que configuran las capacidades de las personas para dirigir sus pensamientos, sentimientos y acciones hacia los resultados deseados. A medida que profundizamos en estas teorías fundamentales, se hace evidente que la autorregulación no es simplemente una cuestión de fuerza de voluntad o moderación, sino un proceso multifacético influenciado por una variedad de factores internos y externos, con profundas implicaciones para el desarrollo personal y el bienestar.

3. Perspectivas neurocientíficas sobre la autonomía y la autorregulación:

Al profundizar en el funcionamiento del cerebro humano, los investigadores han descubierto información valiosa sobre los sustratos neuronales que subyacen a los procesos de autorregulación. Uno de los hallazgos clave se refiere a la corteza prefrontal, una región asociada con las funciones cognitivas de orden superior y el control ejecutivo. Estudios han demostrado que las personas con capacidades de autorregulación bien desarrolladas presentan una mayor activación de la corteza prefrontal al realizar tareas que requieren control de impulsos y toma de decisiones. Además, técnicas de neuroimagen, como la resonancia magnética funcional, han permitido a los científicos observar la actividad cerebral en tiempo real durante tareas de autorregulación, lo que arroja luz sobre los circuitos neuronales implicados en el autocontrol y la conducta dirigida a objetivos.

Las investigaciones neurocientíficas han dilucidado el papel de los neurotransmisores y neuromoduladores en la autonomía y la autorregulación. Por ejemplo, la dopamina, un neurotransmisor implicado en el procesamiento de recompensas y la motivación, se ha vinculado a la regulación de las acciones dirigidas a objetivos y a la persistencia ante los desafíos. La serotonina, otro neuromodulador importante, se ha asociado con la regulación emocional y el control de los impulsos, lo que destaca su relevancia para los procesos de autorregulación. La compleja interacción de estos sistemas neuroquímicos contribuye al equilibrio entre la toma de decisiones autónoma y el autocontrol adaptativo, lo que subraya los fundamentos neurobiológicos de la autorregulación.

Los avances en la investigación sobre neuroplasticidad han revelado la notable capacidad del cerebro para reorganizarse en respuesta a las experiencias y exigencias del entorno, moldeando así la capacidad individual de autonomía y autorregulación. Diversos estudios han demostrado que la práctica repetida de prácticas de autorregulación puede generar cambios estructurales y funcionales en regiones cerebrales relevantes, contribuyendo así a una mayor capacidad de autorregulación y flexibilidad conductual. Esta adaptabilidad impulsada por la neuroplasticidad subraya el potencial de cultivar la autonomía mediante intervenciones y programas de entrenamiento específicos, aprovechando la naturaleza plástica inherente del cerebro para fomentar la autorregulación adaptativa.

4. Estrategias cognitivas para mejorar la autorregulación:

La autorregulación, un componente crucial del desarrollo y el bienestar humano, está vinculada a los procesos cognitivos y los patrones de comportamiento. Las estrategias cognitivas desempeñan un papel fundamental en el fortalecimiento de la autorregulación, ya que permiten a las personas gestionar eficazmente sus pensamientos, emociones y acciones. Comprender e implementar estas estrategias puede conducir a una mayor autonomía y autocontrol.

Una estrategia cognitiva destacada para mejorar la autorregulación es la reevaluación cognitiva. Esta técnica implica replantear la interpretación de una situación o evento para modificar su impacto emocional. Al modificar conscientemente la perspectiva, las personas pueden regular sus respuestas emocionales, lo que resulta en comportamientos y una toma de decisiones más adaptativos. Las investigaciones han demostrado que practicar la reevaluación cognitiva puede mitigar el estrés, mejorar el control de los impulsos y fomentar la resiliencia ante la adversidad.

Otra estrategia cognitiva eficaz es el cultivo de la atención plena. Mediante prácticas de atención plena, como la meditación y los ejercicios de atención enfocada, las personas pueden desarrollar una mayor conciencia de sus experiencias internas y del momento presente. Esta mayor conciencia facilita la autorregulación, permitiéndoles reconocer y aceptar sus emociones sin sentirse abrumados por ellas. Además, la atención plena fomenta la no reactividad y el no juicio, lo que permite a las personas responder a los desafíos psicológicos con mayor serenidad y claridad.

La reestructuración cognitiva es una herramienta valiosa para mejorar la autorregulación. Al cuestionar y modificar patrones de pensamiento desadaptativos, las personas pueden replantear sus interpretaciones y creencias cognitivas, lo que conduce a una regulación emocional y un comportamiento más equilibrados. Este proceso implica identificar distorsiones cognitivas, como el pensamiento en blanco y negro o el catastrofismo, y reemplazarlas por patrones de pensamiento más racionales y constructivos. La reestructuración cognitiva empodera a las personas para ejercer un mayor autocontrol y tomar decisiones conscientes, alineadas con sus objetivos a largo plazo.

Además, la adopción de estrategias de establecimiento de metas y planificación puede reforzar significativamente la autorregulación. Al articular objetivos claros y desarrollar planes de acción, las personas pueden regular su comportamiento para alinearlo con los resultados deseados. Establecer objetivos específicos, medibles, alcanzables, relevantes y con plazos definidos (SMART) proporciona una hoja de ruta para la autorregulación, mejorando la autonomía y la perseverancia individual. Una planificación detallada refuerza aún más la autorregulación al fomentar la toma de decisiones proactiva y reducir los comportamientos impulsivos.

5. El papel de la motivación en el logro de la autonomía:

La motivación es el motor que impulsa la búsqueda individual de autogobierno e independencia. En el contexto de la autonomía, la motivación abarca diversos factores intrínsecos y extrínsecos que impulsan a las personas a asumir la responsabilidad de sus pensamientos, acciones y procesos de toma de decisiones.

En esencia, la motivación impulsa el impulso interno de alcanzar la autonomía, inspirando a las personas a buscar el control de sus vidas y a cultivar un sentido de autonomía. La motivación intrínseca, caracterizada por deseos y aspiraciones internas, empodera a las personas para emprender acciones autodirigidas y tomar decisiones alineadas con su yo auténtico. Los motivadores extrínsecos, como el reconocimiento y las recompensas, también influyen al reforzar los comportamientos autónomos y fortalecer la confianza de las personas en su capacidad para gestionar eficazmente su entorno.

La interacción entre la motivación y la autonomía trasciende las dimensiones psicológicas individuales y permea los contextos sociales y ambientales. La motivación social, que emana de las relaciones interpersonales y las influencias comunitarias, puede fomentar o impedir la autonomía. Las redes sociales de apoyo y los mentores pueden inculcar la confianza en las propias capacidades, alimentando la motivación necesaria para alcanzar la autonomía. Por el contrario, las estructuras sociales opresivas o las restricciones externas pueden impedir que las personas ejerzan la autonomía, obstaculizando sus esfuerzos motivacionales.

En la búsqueda de la autonomía, la motivación actúa como catalizador para afrontar los desafíos, fomentar la resiliencia y cultivar una mentalidad orientada al crecimiento. Cuando las personas están imbuidas de una fuerte motivación intrínseca, muestran una mayor capacidad para superar obstáculos, perseverar ante la adversidad y adaptarse a las circunstancias cambiantes. Una persona con motivación intrínseca es más propensa a buscar proactivamente oportunidades de desarrollo personal, considerando los reveses como experiencias de aprendizaje en lugar de obstáculos insalvables.

Comprender la conexión intrínseca entre la motivación y la autonomía revela el papel fundamental de la teoría de la autodeterminación (TAD) para dilucidar la dinámica de la motivación humana. La TAD subraya la importancia de la autonomía, la competencia y la conexión para impulsar la motivación intrínseca, enfatizando la inclinación humana inherente a las acciones y la toma de decisiones autodirigidas. Al alinearse con los principios de la TAD, las personas pueden aprovechar su motivación intrínseca como un aliado firme en su camino hacia la autonomía y el crecimiento personal.

Al comprender la sinergia entre la motivación y la autonomía, las personas pueden aprovechar sus recursos motivacionales para trazar un camino con propósito hacia la autonomía. Reconocer el impacto de la motivación en la búsqueda de la autonomía no solo empodera a las personas para adoptar una vida autodirigida, sino que también las impulsa a fomentar entornos que nutran y mantengan la motivación intrínseca. En definitiva, la motivación es un eje fundamental para la realización de la autonomía, impulsando a las personas hacia el autogobierno y la expresión auténtica de su potencial interior.

6. La autonomía como catalizador del crecimiento personal:

Cuando las personas se empoderan con autonomía, adquieren un sentido de propiedad sobre sus decisiones y comportamientos, lo que les permite comprender mejor sus capacidades y limitaciones. Esta mayor autoconciencia a menudo sirve como trampolín para el crecimiento personal, ya que las personas se vuelven más conscientes de sus fortalezas y áreas de mejora. Además, la autonomía permite a las personas explorar nuevos caminos, asumir riesgos calculados y vivir experiencias novedosas, todos ellos componentes esenciales del crecimiento personal. Al otorgarles la libertad de perseguir sus aspiraciones y Gestionar los desafíos a su manera, la autonomía fomenta la resiliencia, la adaptabilidad y la fortaleza emocional. A través de este proceso, las personas desarrollan un sentido de identidad y propósito más fuerte, sentando una base sólida para un crecimiento personal sostenido. Además, la autonomía fomenta un sentido de responsabilidad y autosuficiencia, animando a las personas a buscar activamente oportunidades de aprendizaje y adquisición de habilidades. Este compromiso proactivo con el desarrollo personal impulsa aún más a las personas por el camino del crecimiento y la mejora continuos. Es importante destacar que la autonomía también fomenta una mentalidad positiva, infundiendo confianza y creencia en la propia capacidad para superar obstáculos y alcanzar objetivos significativos. Esta resiliencia psicológica, a su vez, impulsa un ciclo de crecimiento personal, ya que las personas abordan los desafíos con determinación y optimismo. Además, el empoderamiento derivado de la autonomía cultiva un enfoque proactivo ante la vida, impulsando a las personas a buscar experiencias transformadoras y expandir sus horizontes. Ya sea a través de la búsqueda de proyectos educativos, la participación en actividades creativas o el cultivo de relaciones significativas, la autonomía sirve como facilitador del crecimiento personal en diversos ámbitos de la vida. A medida que las personas abrazan su autonomía y ejercen su capacidad de decisión para dar forma a sus destinos, liberan un potencial ilimitado de autodescubrimiento y realización personal.

7. Enfoques prácticos para cultivar la autorregulación:

La autorregulación abarca la capacidad de gestionar eficazmente los propios pensamientos, emociones y comportamientos. Uno de los enfoques fundamentales para mejorarla es la práctica de mindfulness. El mindfulness implica prestar atención consciente al momento presente sin juzgar, lo que puede ayudar a las personas a ser más conscientes de sus pensamientos y emociones y a regularlos con mayor eficacia. Además, establecer objetivos claros y alcanzables es fundamental para fomentar la autorregulación. Al dividir los objetivos más amplios en tareas más pequeñas y manejables, las personas pueden mantener la concentración y la disciplina, mejorando así su capacidad para regular sus esfuerzos y progreso. Otro enfoque práctico implica la gestión estratégica del entorno. Crear un espacio organizado y propicio puede influir significativamente en la capacidad de una persona para regular sus acciones y tomar decisiones informadas. Implementar rutinas y estructuras proporciona estabilidad y previsibilidad, lo que permite a las personas desarrollar hábitos saludables y regular sus actividades diarias con mayor eficacia. Además, el cultivo de la inteligencia emocional desempeña un papel crucial en la autorregulación. Comprender y gestionar las propias emociones es esencial para abordar diversas situaciones, lo que permite a las personas responder en lugar de reaccionar impulsivamente. Las técnicas de regulación emocional, como los ejercicios de respiración profunda, la reevaluación cognitiva y las prácticas de relajación, pueden ayudar a gestionar las respuestas emocionales, promoviendo así la autorregulación. Practicar la autocompasión y el diálogo interno positivo es otro enfoque práctico para cultivar la autorregulación. Al reconocer los reveses y los fracasos con amabilidad y comprensión, las personas pueden mantener la resiliencia y perseverar en sus objetivos, lo que en última instancia contribuye a una mayor autorregulación. También es esencial fomentar una red de apoyo y buscar la orientación de mentores o compañeros. Entablar una comunicación abierta y buscar retroalimentación constructiva puede proporcionar valiosas perspectivas y estímulo, lo que lleva al perfeccionamiento de las habilidades de autorregulación. Finalmente, incorporar la autoevaluación y la reflexión regulares en la rutina permite la evaluación y el ajuste continuos, lo que conduce al crecimiento y la mejora continua de la autorregulación.

8. Interrelación entre valores y autorregulación:

La alineación de los valores con las conductas y objetivos personales influye considerablemente en la capacidad de regular las acciones e impulsos. Cuando las personas tienen una clara comprensión de sus valores fundamentales, están mejor preparadas para tomar decisiones coherentes con ellos, lo que se traduce en una autorregulación más eficaz.

La interrelación entre valores y autorregulación se observa en diversos aspectos de la vida humana. En el ámbito de la ética profesional, las personas cuyas acciones se rigen por un conjunto de valores profundamente arraigados muestran una mayor capacidad de autorregulación al adherirse a normas éticas y principios morales. Esta relación subraya la importancia de los valores para fomentar la autorregulación en contextos organizacionales, contribuyendo a una cultura de integridad y responsabilidad.

Los valores personales sirven como principios rectores que influyen en la perseverancia y determinación de una persona para alcanzar sus metas a largo plazo. Al alinear sus acciones diarias con valores profundamente arraigados, las personas cultivan un sentido de propósito y significado en sus esfuerzos, lo que mejora su capacidad de autorregulación ante los desafíos y contratiempos. Las investigaciones indican que las personas que priorizan objetivos basados en valores demuestran mayor resiliencia y bienestar psicológico, lo que resalta la sinergia entre los valores y la autorregulación.

La interacción entre valores y autorregulación se extiende a las relaciones interpersonales. Las personas que priorizan la empatía, la compasión y la equidad como valores fundamentales tienen mayor probabilidad de regular su comportamiento y comunicación de forma que refleje estos valores, fomentando relaciones armoniosas y la resolución de conflictos. La coherencia entre los valores personales y las interacciones sociales resalta la naturaleza integradora de la autorregulación, abarcando no solo la conducta individual, sino también las dinámicas colaborativas en diversas esferas sociales.

Es fundamental reconocer que el cultivo de la autorregulación basada en valores es un proceso dinámico y continuo. Empoderar a las personas para que identifiquen y prioricen sus valores fundamentales, a la vez que se les proporcionan las herramientas para alinear sus comportamientos con estos, es fundamental para fomentar una autorregulación eficaz. Las organizaciones e instituciones educativas pueden desempeñar un papel fundamental en la promoción de la autorregulación basada en valores integrando ejercicios de clarificación de valores y marcos de toma de decisiones éticas en sus programas, facilitando así el desarrollo holístico de las capacidades de autorregulación de las personas.

IMPACTO EN LA PRÁCTICA PSICOLÓGICA

Influencia en la terapia cognitivo-conductual

El profundo impacto de la teoría de la autorrealización en la terapia cognitivo-conductual (TCC) es innegable. La TCC, como enfoque terapéutico ampliamente utilizado, se ha visto significativamente influenciada por los principios fundamentales de la autorrealización. Una de las áreas clave donde la teoría de la autorrealización ha influido en la TCC es en la transición hacia un enfoque más holístico y centrado en la persona. Tradicionalmente, la TCC se centraba principalmente en la modificación de patrones de pensamiento y comportamientos negativos, ignorando a menudo los aspectos de mayor realización y crecimiento individual que se enfatizan en la teoría de la autorrealización. Sin embargo, con la integración de los principios de la autorrealización, la TCC ha evolucionado para abarcar una perspectiva más amplia que reconoce la importancia de abordar necesidades más elevadas más allá de la mera reducción de síntomas. Este cambio de paradigma ha llevado al desarrollo de intervenciones terapéuticas más integrales e individualizadas que se alinean con los principios de la autorrealización. Otra influencia significativa de la teoría de la autorrealización en la TCC reside en su énfasis en la autonomía personal y el potencial inherente de crecimiento y autorrealización. Al incorporar los principios de autorrealización, los profesionales de la TCC han podido empoderar a sus clientes no solo para gestionar sus síntomas, sino también para que se esfuercen por alcanzar la realización personal y el máximo potencial. Además, la incorporación de elementos de autorrealización en la TCC ha contribuido a un enfoque más basado en las fortalezas, centrado en cultivar rasgos y virtudes positivos, además de abordar las cogniciones y conductas negativas. Este cambio hacia una orientación más positiva y proactiva se alinea con los principios fundamentales de la teoría de la autorrealización, fomentando un proceso terapéutico más equilibrado y holístico. Asimismo, la integración de los principios de autorrealización en la TCC ha dado lugar a un mayor énfasis en la promoción de la motivación intrínseca y el cultivo de experiencias vitales significativas. Mediante la incorporación de intervenciones orientadas a la autorrealización, se anima a las personas que se someten a TCC a explorar y perseguir actividades y objetivos que sean personalmente significativos y estén alineados con su yo auténtico, fomentando así un sentido más profundo de propósito y plenitud. Finalmente, la inclusión de los principios de autorrealización en la TCC ha contribuido a un mayor enfoque en la mejora del bienestar general y la calidad de vida, trascendiendo el enfoque tradicional centrado en los síntomas. Al abordar las necesidades de orden superior descritas en la teoría de la autorrealización, la TCC ha ampliado su alcance para abarcar la mejora holística de las personas, impulsando así el campo hacia una orientación más integral y humanista.

Aplicación en modelos terapéuticos humanísticos

Los modelos terapéuticos humanistas, como la terapia centrada en la persona y la terapia existencial, enfatizan la capacidad del individuo para crecer, autoconocerse y desarrollarse personalmente. El concepto de autorrealización, fundamental en la teoría de Maslow, cobra una relevancia significativa en el marco de la psicología humanista. La integración de los principios de autorrealización en los modelos terapéuticos humanistas ofrece un enfoque único para facilitar el autodescubrimiento y la realización personal de los pacientes. En la terapia centrada en la persona, el énfasis en el valor inherente del paciente, la consideración positiva incondicional y la empatía se alinea con los elementos fundamentales de la autorrealización. Al fomentar un entorno que promueve la autoexploración y la autenticidad, los terapeutas pueden guiar a los pacientes hacia el desarrollo de su potencial y la transformación personal. De igual manera, la terapia existencial, centrada en la búsqueda de significado, libertad y responsabilidad, se identifica con la búsqueda de la autorrealización. Al incorporar la comprensión de la existencia humana y la búsqueda de un propósito, los terapeutas que utilizan enfoques existenciales pueden ayudar a las personas a superar las barreras que les impiden la autorrealización y a abrazar su yo auténtico. La aplicación de la autorrealización en los modelos terapéuticos humanistas va más allá del alivio de síntomas; busca cultivar una mayor comprensión, resiliencia y bienestar holístico. Mediante la integración de los principios de autorrealización, los terapeutas pueden empoderar a los clientes para que se apropien de sus experiencias, exploren sus valores y conecten con sus recursos internos para gestionar eficazmente los desafíos de la vida. Además, la incorporación de la autorrealización fomenta un enfoque centrado en el cliente que respeta la experiencia subjetiva y las aspiraciones individuales. Esta postura personalizada y empoderadora fortalece la alianza terapéutica y promueve el crecimiento sostenible y el autodescubrimiento. A medida que los modelos terapéuticos humanistas continúan evolucionando, la incorporación de conceptos de autorrealización presenta oportunidades prometedoras para enriquecer el proceso terapéutico y profundizar el impacto en la vida de los clientes. Con un enfoque en el desarrollo holístico del individuo, este enfoque integrado se alinea con la filosofía de la psicología humanista y ofrece una vía profunda para facilitar el crecimiento personal, la autorrealización y el bienestar psicológico.

Integración con técnicas psicoanalíticas

La integración de la teoría de la autorrealización con las técnicas psicoanalíticas representa una convergencia significativa en el campo de la práctica psicológica y los enfoques terapéuticos. Esta amalgama busca reconciliar los principios fundamentales de ambos paradigmas, aprovechando sus respectivas fortalezas para mejorar la eficacia de las intervenciones terapéuticas y profundizar nuestra comprensión de la motivación y el comportamiento humanos. Comprensión de las técnicas psicoanalíticas Las técnicas psicoanalíticas, tal como las elucidara Sigmund Freud y las desarrollaran posteriormente teóricos como Carl Jung y Karen Horney, profundizan en la mente inconsciente, haciendo hincapié en el papel de las experiencias de la infancia, los recuerdos reprimidos y los instintos primarios en la configuración de la psique y los comportamientos de un individuo. Técnicas como la asociación libre, el análisis de los sueños y la transferencia proporcionan vías para explorar conflictos emocionales profundos y traumas no resueltos, con el objetivo final de llevar estos problemas latentes a la conciencia para su procesamiento y resolución. Integración con la teoría de la autorrealización La integración con la teoría de la autorrealización implica identificar puntos en común y aspectos complementarios entre los dos marcos. Mientras que el psicoanálisis se centra en descubrir y resolver conflictos internos para aliviar la angustia, la teoría de la autorrealización acentúa la búsqueda del crecimiento personal, la realización y la realización del propio potencial. Cuando se fusiona, esta integración proporciona un enfoque holístico que no solo aborda la psicopatología, sino que también nutre las capacidades innatas de los individuos para la autorrealización y la existencia significativa. Aplicaciones prácticas En términos prácticos, la integración con técnicas psicoanalíticas puede manifestarse en diversas prácticas terapéuticas. Por ejemplo, los terapeutas pueden integrar el establecimiento de metas orientadas a la autorrealización y la exploración de valores intrínsecos en el marco de las sesiones psicoanalíticas. Además, la incorporación de los principios de la autorrealización puede potenciar el proceso de interpretación de los sueños o la exploración de las experiencias de la primera infancia dentro de un contexto más amplio de crecimiento y realización personal. Desafíos y consideraciones A pesar de las posibles sinergias, la integración de técnicas psicoanalíticas con la teoría de la autorrealización plantea desafíos inherentes y consideraciones éticas. Los terapeutas deben gestionar el delicado equilibrio entre descubrir conflictos inconscientes y fomentar intervenciones centradas en el crecimiento. Además, la aplicación de estos enfoques integrativos exige una comprensión matizada de las necesidades y preferencias de los clientes, garantizando que el proceso terapéutico siga estando centrado en el cliente y sea culturalmente sensible.

Autorrealización en intervenciones basadas en la atención plena

Las intervenciones basadas en la atención plena han cobrado gran importancia en el campo de la psicología, especialmente en el contexto de la promoción de la autorrealización. Estas intervenciones se basan en los principios de la atención plena, que implican la consciencia sin prejuicios y la aceptación de las experiencias del momento presente. A medida que las personas cultivan habilidades de atención plena, desarrollan una comprensión más profunda de sus pensamientos, emociones y sensaciones corporales, fomentando una mayor conexión con su yo auténtico. La integración de los principios de la autorrealización en las intervenciones basadas en la atención plena actúa como catalizador del crecimiento personal y el bienestar psicológico.

Un aspecto clave de la incorporación de la autorrealización en las intervenciones basadas en mindfulness es el énfasis en la clarificación de valores y en vivir en consonancia con las propias creencias fundamentales. Este proceso permite a las personas obtener claridad sobre sus aspiraciones y motivaciones intrínsecas, lo que conduce a una existencia más plena y plena. Además, el cultivo de la autoconciencia mediante prácticas de mindfulness permite a las personas reconocer y trascender las limitaciones autoimpuestas, allanando el camino para el desarrollo de la autorrealización. A través de la exploración y la reflexión conscientes, las personas pueden progresar hacia la realización de su pleno potencial y su auténtica expresión.

La incorporación de los principios de autorrealización en las intervenciones basadas en mindfulness abarca el desarrollo de atributos psicológicos positivos. Al cultivar cualidades como la autonomía, la resiliencia y la armonía interior, las personas están mejor preparadas para afrontar los desafíos de la vida con autonomía y equilibrio emocional. Además, la práctica de mindfulness fomenta una actitud compasiva y no reactiva hacia uno mismo, promoviendo la autoaceptación y la autocompasión, componentes esenciales del camino hacia la autorrealización.

En entornos clínicos, las intervenciones basadas en mindfulness, enriquecidas con principios de autorrealización, ofrecen un enfoque holístico para abordar diversos problemas de salud mental. Estas intervenciones empoderan a las personas para ir más allá de la reducción de síntomas y avanzar hacia el desarrollo de una vida plena y plena. Además, la integración de la autorrealización en la terapia basada en mindfulness anima a los pacientes a reconectar con su sabiduría interior y su potencial innato, facilitando una profunda transformación interna. Al abrazar el proceso de autodescubrimiento y empoderamiento, las personas emprenden un camino hacia la autorrealización, caracterizado por un mayor sentido de autenticidad y propósito.

Papel en los programas de psicología positiva

La integración de la teoría de la autorrealización en las iniciativas de psicología positiva ha sido un avance fundamental, ya que reconoce la importancia de alcanzar el máximo potencial y vivir una vida plena y significativa. En los programas de psicología positiva, los principios de la autorrealización sirven como marcos guía para que las personas exploren sus fortalezas, valores y crecimiento personal. El énfasis en el autodescubrimiento y la expresión auténtica se alinea con los principios fundamentales de la psicología positiva, que busca mejorar el funcionamiento psicológico general y la resiliencia de las personas. Mediante diversas intervenciones y ejercicios basados en la teoría de la autorrealización, los programas de psicología positiva buscan ayudar a las personas a cultivar una mentalidad positiva, construir conexiones significativas y alcanzar una vida plena.

Un aspecto fundamental de la autorrealización en los programas de psicología positiva es la exploración de los valores personales y la alineación de las acciones con ellos. Al animar a las personas a aclarar sus motivaciones intrínsecas e identificar qué les genera una profunda satisfacción, las iniciativas de psicología positiva facilitan el proceso de autorrealización y el establecimiento de metas. Mediante prácticas reflexivas y ejercicios narrativos, se guía a los participantes en estos programas para visualizar su yo ideal y definir pasos prácticos para manifestar sus aspiraciones. Además, las intervenciones de psicología positiva suelen incorporar ejercicios de gratitud, prácticas de atención plena y evaluaciones basadas en fortalezas, todos ellos estrechamente vinculados con los principios de la autorrealización y que contribuyen al bienestar holístico de las personas.

La aplicación de la teoría de la autorrealización en los programas de psicología positiva trasciende el bienestar individual para abarcar el desarrollo comunitario y organizacional. Al promover una cultura de autenticidad, empatía y empoderamiento, estos programas se esfuerzan por crear entornos que fomenten el camino hacia la autorrealización de las personas. Mediante actividades de desarrollo comunitario, proyectos colaborativos e iniciativas que priorizan la búsqueda de objetivos colectivos derivados de las fortalezas personales, los programas de psicología positiva aprovechan el poder transformador de la autorrealización a un nivel social más amplio. Este enfoque sistémico subraya la importancia de fomentar entornos que apoyen la autonomía, la autoexpresión y la contribución de las personas al bien común.

La integración de la teoría de la autorrealización en los programas de psicología positiva representa un cambio de paradigma en el avance de las prácticas de salud mental. Trasciende los modelos tradicionales centrados en el déficit, centrándose en el potencial innato de las personas y su capacidad de crecimiento, resiliencia y una vida con propósito.

Impacto en los enfoques de salud holística

El impacto de la teoría de la autorrealización en los enfoques holísticos de la salud moldea la manera en que las personas perciben y se involucran con su bienestar general. La salud holística abarca un enfoque integral que considera la totalidad de las dimensiones físicas, mentales, emocionales y espirituales del individuo. La teoría de la autorrealización contribuye a este paradigma al enfatizar la importancia de alcanzar el potencial propio en todos estos ámbitos, promoviendo así un estado de ser equilibrado y armonioso.

Una de las influencias clave es el reconocimiento de que la autorrealización implica una profunda comprensión de uno mismo, que va más allá de la ausencia de enfermedad para abarcar el cultivo de una salud y un bienestar óptimos. Este cambio de perspectiva ha llevado a la integración de los principios de la autorrealización en diversas prácticas de salud holística, como la reducción del estrés basada en la atención plena, la terapia de yoga y la medicina integrativa. Estos enfoques buscan empoderar a las personas para que aprovechen sus recursos innatos para el crecimiento y la sanación, en estrecha sintonía con la esencia de la autorrealización.

La incorporación de principios de autorrealización en los enfoques de salud holística ha fomentado un modelo de atención más personalizado y centrado en el paciente. Se anima a los profesionales a reconocer las aspiraciones y valores únicos de cada individuo, guiándolos hacia un mayor sentido de propósito y plenitud. Al abordar las dimensiones psicológicas y existenciales de la salud, los enfoques de salud holística, imbuidos de principios de autorrealización, buscan generar una profunda sensación de plenitud y vitalidad en las personas, trascendiendo el mero bienestar físico.

El énfasis en la autoconciencia, la autonomía y la autenticidad dentro de la teoría de la autorrealización ha impulsado un cambio de paradigma en la salud holística, abogando por un enfoque más integral, empoderador y participativo del bienestar. Las personas no son vistas simplemente como receptores pasivos del tratamiento, sino como participantes activos en su propio camino de sanación. Este empoderamiento fomenta un sentido de autonomía y autoeficacia, fomentando una mentalidad positiva y proactiva que propicia la salud y el bienestar holísticos.

Desafíos y consideraciones éticas

La integración de la teoría de la autorrealización en la práctica psicológica y los enfoques terapéuticos presenta diversos desafíos y consideraciones éticas que requieren un análisis minucioso. Uno de los principales desafíos es la necesidad de garantizar que el concepto de autorrealización se aplique eficazmente en el contexto de diversas poblaciones de pacientes. Los profesionales deben reconocer que las interpretaciones y predisposiciones individuales hacia la autorrealización pueden variar significativamente, y esta diversidad requiere sensibilidad y flexibilidad en las intervenciones terapéuticas.

Además, surgen consideraciones éticas al aplicar un modelo basado en principios humanísticos en un contexto más amplio de salud mental. Es fundamental mantener la ética y los estándares profesionales, incorporando al mismo tiempo los valores y objetivos de la teoría de la autorrealización. Esto requiere un equilibrio entre el respeto a la autonomía individual y la promoción del bienestar holístico sin imponer ideales específicos a los pacientes.

Los profesionales se enfrentan al reto de abordar la posibilidad de un énfasis excesivo en el crecimiento y la realización individual a costa del reconocimiento de las barreras sistémicas y los determinantes sociales de la salud mental. Es imperativo evaluar críticamente los factores socioeconómicos y culturales que inciden en la capacidad del cliente para alcanzar la autorrealización e integrar esta conciencia en los marcos terapéuticos.

La integración terapéutica de la teoría de la autorrealización presenta complejidades relacionadas con la medición y la evaluación. Garantizar que las intervenciones se ajusten a los principios fundamentales de la teoría y evaluar el progreso hacia la autorrealización plantea dificultades inherentes. Los profesionales deben gestionar la tensión entre los aspectos cualitativos del crecimiento personal y las medidas cuantitativas que suelen requerirse en entornos clínicos y de investigación.

Desde el punto de vista ético, las consideraciones sobre el consentimiento informado, la confidencialidad y las diferencias de poder entre el terapeuta y el cliente son primordiales. La promoción de la autorrealización no debe eclipsar los principios fundamentales de respetar la autonomía del cliente y salvaguardar su confidencialidad y sus derechos dentro de la relación terapéutica.

Implicaciones de la formación y el desarrollo profesional

Los programas de formación profesional deben enfatizar la importancia de la comprensión holística y la aplicación de la teoría de la autorrealización, garantizando que los futuros terapeutas cuenten con los conocimientos y las competencias necesarios para integrar eficazmente estos conceptos en su práctica clínica. Esto implica no solo instrucción teórica, sino también oportunidades de aprendizaje experiencial inmersivo que permitan a los estudiantes profundizar su comprensión de la autorrealización mediante la reflexión personal y la aplicación práctica.

Además, el desarrollo profesional de psicólogos y terapeutas en ejercicio requiere apoyo y recursos continuos para mejorar su competencia en la incorporación de los principios de autorrealización en su trabajo. Las iniciativas de formación continua podrían incluir talleres avanzados, sesiones de supervisión y programas de mentoría que involucren a los profesionales clínicos en el perfeccionamiento de sus habilidades terapéuticas en el marco de la autorrealización. Asimismo, fomentar comunidades de práctica donde los profesionales puedan compartir buenas prácticas, perspectivas y desafíos relacionados con las intervenciones orientadas a la autorrealización puede ser un recurso valioso para el desarrollo continuo.

Al configurar el panorama de la formación y el desarrollo profesional, es fundamental abordar la posible resistencia o escepticismo hacia la integración de la teoría de la autorrealización. Demostrar con base empírica la eficacia y la relevancia de la autorrealización en la práctica psicológica mediante investigación empírica, estudios de caso y casos de éxito puede contribuir a disipar ideas erróneas y a obtener apoyo para su incorporación en los enfoques terapéuticos convencionales.

Además, las consideraciones éticas constituyen un pilar fundamental para la adaptación de la teoría de la autorrealización a la práctica psicológica. Los programas de formación deben inculcar una profunda apreciación de las responsabilidades éticas que conlleva la aplicación de esta teoría, en particular en lo que respecta al respeto a la autonomía, la sensibilidad cultural y el mantenimiento de los límites profesionales. Enfatizar las dimensiones éticas de la práctica de la autorrealización no solo garantiza la protección del bienestar de los pacientes, sino que también contribuye a la formación de una generación de profesionales de la salud mental moralmente responsables y conscientes.

A medida que el panorama de la práctica psicológica continúa evolucionando, la integración proactiva de la teoría de la autorrealización en la formación y el desarrollo profesional fomentará una nueva generación de terapeutas no solo clínicamente competentes, sino también profundamente sintonizados con el bienestar holístico y las necesidades de realización de sus pacientes. Al abordar las dimensiones educativa, experiencial y ética, el campo de la psicología puede adoptar la autorrealización como una fuerza transformadora que enriquece tanto a los profesionales como a quienes atienden.

50 CITAS DE MASLOW DE LA TEORÍA DE LA AUTORREALIZACIÓN

Sobre la autorrealización

"Lo que un hombre puede ser, debe serlo. A esta necesidad la llamamos autorrealización".

"La autorrealización significa experimentar de manera plena, vívida, desinteresada, con plena concentración y absorción total".

"Un músico debe hacer música, un artista debe pintar, un poeta debe escribir, si quiere estar finalmente en paz consigo mismo".

"La historia de la raza humana es la historia de hombres y mujeres que se venden a bajo precio".

"Las personas autorrealizadas viven más en el mundo real de la naturaleza que en la masa de conceptos, abstracciones, expectativas, creencias y estereotipos creados por el hombre".

"La autoestima más estable, y por tanto la más sana, se basa en el respeto merecido de los demás, más que en la fama externa, la celebridad y la adulación injustificada".

"La gran lección de los verdaderos místicos [...] es que lo sagrado está en lo ordinario, que se encuentra en la vida cotidiana."

"La persona autorrealizada puede mantener la dignidad y la integridad sin importar el entorno".

"Autorrealizarse significa ser capaz de encontrar significado incluso en los momentos más pequeños".

"Autorrealizarse es convertirse en todo lo que uno es capaz de llegar a ser".

Sobre el crecimiento y el potencial

"El crecimiento se produce cuando el siguiente paso adelante es subjetivamente más placentero, más alegre, más intrínsecamente satisfactorio que la gratificación anterior".

"Tememos nuestras mayores posibilidades. Generalmente tememos convertirnos en aquello que vislumbramos en nuestros momentos más perfectos".

"La principal motivación del comportamiento humano no es evitar el dolor sino crecer".

"Se puede elegir entre regresar a la seguridad o avanzar hacia el crecimiento. El crecimiento debe elegirse una y otra vez; el miedo debe superarse una y otra vez".

"No somos receptores pasivos de la vida. Somos constructores activos de nuestro propio devenir".

"La vida es un proceso continuo de elegir entre la seguridad y el riesgo. Elige crecer una docena de veces al día".

"Toda la evidencia que tenemos indica que es razonable suponer que prácticamente en todo ser humano... existe un impulso hacia la autorrealización".

"La autorrealización no es un estado estático, es un proceso de convertirse en uno mismo".

"Las personas sanas están motivadas principalmente por el deseo de crecer, más que por las deficiencias".

"No es normal saber lo que queremos. Es un logro psicológico raro y difícil".

Sobre las necesidades y la satisfacción

"Si planeas ser algo menos de lo que eres capaz de ser, probablemente serás infeliz todos los días de tu vida".

"La buena sociedad es aquella en la que la virtud tiene recompensa".

"El hombre es un animal en perpetua necesidad".

"Hemos hablado hasta ahora de las necesidades básicas como si fueran instintivas, pero ahora debemos destacar su singularidad en cada persona".

"Amor, seguridad y pertenencia: son necesidades reales, no lujos".

"El hecho es que las personas son buenas, siempre y cuando se satisfagan sus necesidades fundamentales".

"Necesitamos ser plenamente humanos. Necesitamos tener un propósito y un significado".

"La autorrealización sólo es posible después de que las necesidades básicas hayan sido suficientemente satisfechas".

"Cuando las personas parecen algo distinto a buenas y decentes, es únicamente porque reaccionan al estrés, al dolor o a la privación de necesidades humanas básicas".

"Tenemos hambre de sentido, de importancia, de propósito, igual que tenemos hambre de pan".

Sobre las experiencias cumbre

"Una experiencia cumbre es un momento acompañado de un estado mental eufórico que suelen alcanzar las personas autorrealizadas".

"Las experiencias cumbre pueden ser los momentos más importantes de la vida de uno".

"Son sentimientos repentinos de intensa felicidad y bienestar, tal vez la conciencia de la verdad última y de la unidad de todas las cosas".

"En las experiencias cumbre, las personas se sienten más completas, más integradas, más conscientes de sí mismas y del mundo".

"Las experiencias cumbre son momentos transitorios de autorrealización".

"Estos momentos de éxtasis se caracterizan por una sensación de que se abren horizontes ilimitados".

"Durante una experiencia cumbre, la persona se vuelve más auténticamente ella misma, más independiente del entorno".

"El arte, la música y la naturaleza suelen provocar experiencias cumbre en las personas que se autorrealizan".

"En estos momentos, el mundo se percibe como un todo y la persona se siente unida a él".

"Las experiencias cumbre revelan lo mejor de nuestra naturaleza interior".

Sobre la psicología y la naturaleza humana

"El científico que también es humanista verá a la persona en su totalidad".

"La psicología debería centrarse menos en lo que está mal en las personas y más en lo que está bien".

"Ser humano significa tener potencial para la grandeza y el crecimiento".

"Deberíamos estudiar los mejores ejemplares de la humanidad para saber hasta dónde pueden llegar los humanos".

"El propósito de la psicología es ayudar a los seres humanos a alcanzar su máximo potencial".

"Sólo un ser humano puede ser consciente de su inconsciencia".

"La ciencia de la psicología ha tenido mucho más éxito en lo negativo que en lo positivo. Nos ha revelado mucho sobre las deficiencias del hombre, sus enfermedades y sus pecados. Pero ha revelado muy poco sobre sus potencialidades".

"Si se puede estudiar a los estafadores, también se puede estudiar a los santos".

"El ser humano es capaz de alcanzar la grandeza cuando las condiciones son propicias".

"Debemos considerar no sólo lo que el hombre es, sino lo que puede llegar a ser".

www.ingramcontent.com/pod-product-compliance
Lightning Source LLC
LaVergne TN
LVHW010923051026
849532LV00003B/821